宗教文庫

天台哲學入門

新田雅章　著

涂玉盞　譯

東大圖書公司

譯 序

　　佛教自印度傳入中國後，經歷了一段漫長過程，逐漸行成「中國佛教」。稱之為中國佛教，並不單純是佛教在中國，主要是佛教的中國化。

　　佛教傳入中國，逐漸成為「中國佛教」經歷了翻譯介紹（漢至東晉）、格義理解（南北朝）、創造發展（隋唐）及儒釋道融合（宋至清）等階段。每個不同階段均出現過一些傑出的歷史人物，來完成了不同的歷史任務。

　　在第一個階段的著名僧人（《高僧傳》上的重要人物），都是譯經大師。佛典的翻譯者，經常也是所譯佛典的宣傳者，並由譯出經典派生出初步的學派。又，在翻譯介紹的階段已孕育著格義理解的成分，格義理解的階段也孕育著創造發展的成分。天台宗的開創人智顗生活在陳隋之際，他依憑《法華經》的基本理論框架，發揮其理論的創造性，構建了自己的思想理論體系。

　　智顗的思想理論體系可以分做兩大部分。一是宗教實踐的「止」，二是教學（哲學）原理的「觀」，兩者合起來，構成完整的天台教學系統。另外，他從未脫離「止」來談論「觀」，始終把「止觀」作為一個不可分割的整體對待，也就是把禪定的實踐與宗教的理論緊密結合，形成「止觀哲學」體系。

　　智顗雖然依一定的禪觀行持，但基本上走的是解悟之路，以聞思修而入，依淺定而發深解，多在思辨上下工夫，表現

出以高度的哲學思辨來組織佛學思想的能力。由智顗的這一貢獻，開創了中國佛教的一個新時代。

止觀既是智顗佛學的起點，同時也是歸宿。天台的教理和實踐，都可包容於智顗的止觀學說之中，在智顗看來，止觀包容了佛教一切理論和修行，他們的並重和雙修是通往「實相」的必經之路。所謂「捨止觀不足以明天台道、不足以議天台教」，天台教學的學者新田雅章先生的《天台哲學入門》正是以深入淺出的筆觸，提綱挈領地介紹智顗「止觀」教學與實踐的難得好書。譯者得幸，有機會譯此好書以分享讀者，實在得感謝東大圖書公司。謝謝！

涂玉盞
二〇〇三年四月

序

通常聽到佛教宗派之一的天台宗時，會聯想起傳教大師最澄、或比叡山延曆寺的人大概不少吧。這當然沒有錯，因為不管是最澄或是比叡山，都是與天台宗最有緣的人及道場，所以會那麼想是再自然不過的事。而天台宗是成立於中國隋代的一個佛教宗派（學派），透過最澄而傳到日本。因此，天台宗的歷史可以溯源到中國的隋代，其教學思想的根幹，在那個時代已經很有體系地建構好了。

天台的教學思想之所以名為天台，是因為集其教學之大成的智者大師智顗住在天台山，一面勤於佛道的修行，一面完成他自己的教學思想。智顗所建構的教學思想，與華嚴教學同被譽為是中國佛教的二大高峰。其架構之龐大幾乎可用無與倫比來形容，其教學的特徵則具備了邁向解脫的詳細方法──實踐的體系。

智顗所示的教學思想，因為有這樣特徵的組織及架構，所以要掌握其全貌是極為困難的。本書之所以命名為「天台哲學入門」，也是因其思想具備了這樣構造的特徵之故。

之所以說是「入門」書，是因為天台教學的組織及構成非常壯觀，所以本書並無法囊括天台智顗教學思想的全體。因此依我個人的判斷，抽出我個人認為最重要的教學體系，再儘可能地以容易理解的方式來整理。所以若能通讀本書，

應該可以掌握天台思想最基礎的骨幹。天台的教學思想，其教理體系確實是具備見識廣博與專而深的奧義。但，若能掌握其基本精神的話，對於書中跳過未提及的其他部分，想必也會較容易理解。本書雖然是從侷限的視點來眺望天台教學的入門書，但此處所歸納的，若能有助於讀者諸君一窺規模龐大的天台教學思想之堂奧的話，甚感是幸。

　　另外，在動筆整理本書時，承蒙第三文明社的安田理夫、佐佐木利明二位先生親切熱忱的支援，尤其一直都給安田先生增添麻煩，謹在此深表謝忱。

新田雅章
一九七六年十二月

天台哲學入門

目　次

前　言

自傳教大師最澄（七六七－八二二）之後，天台宗成為日本人非常熟悉的一個佛教宗派，它是由中國隋代的一位學僧──智者大師智顗（五三八－五九七）所集大成的宗派（學派）。天台的教學之所以與華嚴的教學並譽為中國佛教史上的二大高峰，是因為智顗所架構的教學思想非常壯觀的緣故。如此地讚譽天台宗，絕不會太過。就連最澄之後的日本鎌倉新佛教的祖師們──法然、親鸞、道元、日蓮的思想，從廣泛的意義上來看，也是以天台的教學為基礎的。

檢視環繞天台教學思想的種種評價，及以此教學為背景而產生的種種歷史現象，可推知他所達成的歷史使命是不尋常的、是深遠的。這樣的成就也深深地刺激了我們對天台教學這門學問的關心。那麼，天台教學的思想為什麼能獲得那樣高的評價呢？或者說以天台教學為基礎，如何能發展出鎌倉新佛教那樣的歷史成果呢？甚至說面對著這些歷史動向，天台的思想到底如何參與的？如上所說，在思想面、歷史面所涉與天台教學的關係，並無不可思議之處！不，應該說對各種動向抱持關心是再自然不過了。

當然本書的課題，並不是要直接回應這些動向。在這裡縱使要回應這些動向，也只是試著把它侷限在最小限度、極基礎的知識上。對於不同思想的教學體系，不管它是屬於什麼樣的種類，關心哪一種的學問，首要理解的是其本身的思

想及其教義內容。

　　雖然這樣的說法有些唐突，但是對於佛陀所說的真實教
義──「佛教」，給予「佛教」的稱呼，雖然傳達了其內在的
性格，但我認為未必十分相應。之所以這樣說，是因為佛教
是由佛所說有關真理的教義，但其教義基本上是要緊隨著修
行及尋求體驗真理的教法。因此，它是實踐「道」的教義，
應稱之為「佛道」，這樣的看法也適用於佛教。若以這樣的看
法來說，所謂「佛教」，與其呼之為「佛教」，毋寧稱之為「佛
道」，這樣的話則能更忠實地傳達佛所說教法的內在性格。

　　佛教確實含有被稱為「佛道」的濃厚性格的理由，但若
只將佛教視為「佛道」來處理的話，則很難去抽出其思想上
的構造性性格。即使將其視為一種宗教來看待，在我們窮究、
整理出其思想內容的構造性格之後，也應暫時抽離，尋求以
理論的角度，客觀地來看待它。例如從各方面整理出真理觀、
人間觀或世界觀等理論來。而在研究佛教時，當然也不例外。
佛教所內含的教理、教學等在被研究的過程中，被更廣泛地，
或更從構造上來做解說。基於這樣的意義，我嘗試在本書中
對天台教學思想的內容，在基本理論上做整理。從其思想的
構造性格來看天台的教學思想，究竟有著怎樣的內容與個性？
本書所期待的，就是希望以這一點為中心，儘量忠實地陳述。

　　雖說如此，若以剛剛所說的，認為佛教基本上具有「佛
道」的性格，單以這樣的角度來看待的話，是無法充分理解
佛教的。若對自己身邊的所有東西，都無一例外地依教法修

行之，實踐性地體驗真理，認為這樣才是佛教的話，佛教絕不會只要求客觀地理解真理或解說教義而已。又，如果前輩先賢們所走過的路，是每個人都必須用自己的腳，強而有力地去實踐方能顯現，這樣才是佛教的真理的話，則其真理是殊勝且具實踐性的、主體性的。如果不能洞悉佛教及其所說的真理所具有的這種性格的話，決不能期待將會有豐富的成果。天台智顗的教風在眾多種種的佛教思想中，特別注重行（實踐）。如果能顧及這一點，在理解他的思想時，必須時刻牢記行是不可或缺的。能充分地去考量在智顗的教學思想裡面所含豐富的實踐性格之後，再做客觀的理解，那麼應該能對天台思想有更總括性地瞭解。這樣的目的，到目前為止是否充分地做到，雖然還是很有疑問，但不管如何，本書將朝著這樣的目標，進行論述。

又，天台的教學思想在教理上因為有種種的面相，所以若要面面俱到、全盤地去論述它，實在非常困難。因此這裡將以天台的教學思想中最核心的部分，即智顗在構築他的教理體系時最關心的教理為主，來進行本書的討論。而這裡所謂的教理的核心部分，指的是一方面給迷的眾生指示悟的境界，一方面也說示抵達悟境的方法或過程，甚至論述悟境本身的內容。當然任何一項的教說，都是從「迷」到「悟」的線上來論說其關係，在這一條從迷到悟的線上，存在的各個教說間的距離遠近關係，並不是能簡單決定的。但是佛教的中心課題，是對迷失於生死世界的眾生，引導他們反省自己

的現實狀態，而且要求他們為開悟而努力，並引導他們轉向涅槃世界，那麼直接與這樣的中心課題相關連的教說，就自然而然地會有明確的定論。不管如何，本書將沿著這樣的佛教中心課題進行討論、整理。

　　因為是設定在以這樣的目標為中心，所以當然也有可能造成對非討論不可的智顗的重要教說，完全不碰觸就跳了過去的情形。例如其中最能代表他的教說之一──傳達他的教判思想的「五時八教」的教說就是一例。事實上，本書在論述此教說時，採取較保守的態度。其理由是五時八教這個教說的性格，對迷失於生死世界的眾生而言，在開示通往開悟的過程及其方法上，並不被認為是主要的相關教說。另外，這個教說原本是晚輩對智顗的歸屬議題上而引起的教說。若顧慮這點的話，就應該更積極地去論述它才是。但這個問題絕不單純，正因為如此，所以需要更詳細地討論才行，但本書並沒有相對充裕的時間或篇幅來論述它，所以不如不提它。智顗的「五時八教」確實是非常善巧地整理了教相判釋的思想。雖然如此，也並非在說明此教說能囊括他全部的教學思想，更何況其本身也不是一個完全沒問題的教說。對於談論此教說時應採取審慎小心的態度是絕對正確的。這也是筆者採保守態度的理由之一。總之我希望本書把視點放在直接與「迷」─「悟」的教學線相連的智顗教學思想的根幹部分進行論述。

　　此外，本書為了因應所論述的思想內容在本質上截然不

同，故將智顗的教學思想二分為「初期的思想」與「圓熟期的思想」，所採取的方法是儘可能凸顯個別時期教學思想的特徵。當然，忠實地循著他的教學思想形成的過程來看的話，只用二期來整理是不夠的，應該更細分地來整理。有關這點，因為拙著沒有足夠的篇幅一一整理來論述它，所以只好避開。雖然這樣的方法有些粗糙，還是決定分二期來看智顗的思想過程。

　　此外，本書中為了讓大家對於智顗在中國佛教史上的地位有所了解，預定在書中介紹天台宗成立之前的中國佛教動態，以作為導讀。如此一來，相信讀者可以從中大致掌握他的教學思想的歷史淵源與關係。

天台以前的中國佛教

南北朝時期的佛教家們，

當然並不知道，

原來佛教經典的成立年代是不一樣的。

但是，隨著時代的推移，

也開始注意到不同經典間內容的矛盾，

同時也出現了對佛陀根本教義最鮮明的經典，

然後以之為中心，

將各經典的內容歸納在一個有條不紊的體系中。

第一節　佛典的翻譯歷史

　　從中國的佛教思想展開史上來看，天台大師智顗出世的六世紀前半，佛教諸經論的譯典幾乎齊備，相關的解釋、研究也有相當程度的進展，可以說已經到了所謂佛教中國化開始成熟的時代。到西元六世紀的前半為止，中國的佛教發展已經是這樣的情況，而佛教落地生根於中國的背景，當然有各種良好條件的協助，其中一直樸實且持續進行的佛典翻譯工作，可說居功厥偉。用巴利語或梵語這類異國語言所書寫的佛典，縱使大量地被帶到中國來，若不伴隨對佛典內容的理解，談佛教的落實是靠不住的。天台大師的教學思想是結合什麼樣的經典而成立的？是站在怎樣的教學立場接續其系譜呢？要了解這樣的問題，首先讓我們簡單地來看經典的翻譯歷史。

南北朝時代以前

　　佛教傳播到中國，從時代上來看，開始於漢，特別是後漢。這一件歷史性的大事，在翻譯僧的努力之下，透過經典的翻譯工作而逐步推展。最早活躍於後漢末、桓帝時候的外來僧是安世高、支婁迦讖，經由他們的譯經活動，譯出了許多大小乘經典。精通阿毘曇學問的安世高譯出《四諦經》、《轉法輪經》、《八正道經》、《大安般守意經》、《陰持入經》等小

乘諸經。而支婁迦讖則譯有《道行般若經》、《般舟三昧經》、《首楞嚴經》等大乘經典。如此一來，奠定了後世中國佛教得以大發展的基礎。

以安世高、支婁迦讖的譯經活動為開端而展開的譯經作業，其後有更驚人輝煌的進展。在三國時代，以康僧鎧所譯被視為是淨土宗中心經典的《無量壽經》為始，之後支謙也譯出了《大阿彌陀經》、《維摩經》、《瑞應本起經》、《大般泥洹經》等一連串的經典，又，康僧會的譯經活動也受到重視。

到了西晉時代，譯經作業更活躍了。首先最受注目的是月支出身的曇摩羅剎(Dharmarakṣa)，即竺法護，他譯有《光讚般若經》、《正法華經》、《無量清淨平等覺經》、《彌勒下生經》等多數經典。在中國的譯經史上，他的譯經活動是在留下無與倫比業績的鳩摩羅什之前，堪稱譯經大家。在這個時代裡，還有優婆塞竺蘭譯出《放光般若經》、《維摩經》、《首楞嚴經》等，另外也可以看到帛法祖、法炬、法立等多位譯經僧的活躍情形。

接著的東晉、五胡十六國時期，無異是奠定了中國佛教更廣闊開展基礎的譯經時代。

首先是興起於北方中國的姚秦時代，當時也是小乘阿毘曇的學者僧伽跋澄(Saṃghabhūti)、僧伽提婆(Saṃghadeva)、曇摩難提(Dharmanandi)、曇摩蜱(Dharmapriya)、曇摩持(Dharmakh)、僧伽羅叉(Saṃgharakṣa)等來到中國，也是帶進阿含相關的諸經典、毘曇論書的時代。現存的《增一阿含經》、《中

阿含經》是由曇摩難提首譯，後由僧伽羅叉、僧伽提婆等改譯、修訂而成的。《八犍度論》、《阿毘曇心論》、《三法度論》等諸論書是僧伽提婆所譯，另外《十誦比丘戒本》、《比丘尼大戒》等戒律書，則由曇摩持所譯。如此一來，小乘阿毘曇的經、律、論的重要典籍被攜入中國，也鞏固了毘曇研究資料的基礎。

繼前秦之後的後秦，是中國佛教史上值得大書特書的時代。其引人注目的最大理由是，與唐玄奘並稱譯經史上二大譯聖，同時精采地譯出許多重要大乘佛教經論的鳩摩羅什（Kumārajīva）來到中國。依傳記所述，鳩摩羅什是龜茲國人，素有神童之稱，且他的名聲很早就傳到漢土。一向心儀鳩摩羅什美譽的前秦苻堅，不惜以攻討龜茲來招聘俘虜鳩摩羅什。奉符堅之意而被派遣去攻討龜茲的呂光，在迎接鳩摩羅什回國的途中得知前秦被滅，遂留在姑臧宣布獨立，建立後涼國。之後鳩摩羅什被留在姑臧長達十五年，直到後秦姚興於弘始三年（四〇一）迎他入長安。姚興十分禮遇鳩摩羅什，並贈西明閣、逍遙園。鳩摩羅什將它們挪做翻譯佛典的譯場，在這個譯場裡譯出了眾多的漢譯佛典。

鳩摩羅什的翻譯事業，有別於在此之前以個人為中心所進行的譯經方式，鳩摩羅什有國家的支援做後盾，在一個規模極大的譯經場所中進行譯經事業。因此，參與譯經的人非常多，且出自這個譯場的漢譯經典，不管內容或文體都有相當優秀的格局。又，相對於被稱為「新譯」的玄奘譯而言，

鳩摩羅什所譯的諸經論，習慣被稱為「舊譯」、「古譯」。

　　鳩摩羅什的譯經事業最大的特色是數量達到七十四部三百八十四卷之多，且譯文極為流暢正確，同時也譯出了重要的經論。這些經論中，特別舉其重要的有：「大品」「金剛」「仁王」等《般若經》、《妙法蓮華經》、《維摩經》、《阿彌陀經》、《首楞嚴經》、《梵網經》、《遺教經》、《坐禪三昧經》等諸經典，而在論書方面則有：《中論》、《百論》、《十二門論》、《十住毘婆沙論》、《成實論》等。諸經論的各各內容均顯示出是重要的大乘經典。這些經論的譯出，對中國深入理解佛教是一大躍進，不用說，其貢獻更是難以計量。

　　另外，別忘了這個時期也譯出了一些小乘阿毘曇的經論。鳩摩羅什的老師──罽賓的佛陀耶舍(Buddhayaśas)譯了《長阿含經》、《四分律》。之後有弗若多羅(Puṇyatāra)譯出《十誦律》、曇摩耶舍(Dharmayaśas)譯出《舍利弗阿毘曇論》。

　　在北方五胡十六國中的最後一國──北涼的時代，曇無讖(Dharmakṣema)譯出重要的大乘經典──《涅槃經》。曇無讖譯的《涅槃經》有四十卷，通常被稱為「北本」，另外此經傳到南方後，由慧觀、慧嚴、謝靈運等比較法顯譯的六卷《涅槃經》，成為三十六卷的校譯本。為有別於曇無讖的譯本，稱此校譯本為「南本涅槃經」。另外，曇無讖還譯有《金光明經》、《悲華經》、《佛所行讚》等多數的經典。又，在此時代裡，西域人浮陀跋摩(Buddhavarman)譯出的《阿毘達摩毘婆沙論》也是不能遺漏的。

　　另一方面，在南方的東晉也譯出為數頗多的經典。應當
時佛教界的領導人物——廬山慧遠的邀請，佛陀跋陀羅（覺
賢，Buddhabhadra）譯《達摩多羅禪經》。佛陀跋陀羅告辭了
廬山後，來到首都建康，並專心於《華嚴經》的翻譯。為別
於唐朝實叉難陀譯的《華嚴經》八十卷本，佛陀跋陀羅譯的
六十卷本，一般慣稱為舊譯《華嚴經》，或《六十卷華嚴經》。
《華嚴經》的譯出與《法華經》、《涅槃經》的譯出一樣，帶
給後世的影響非常的大。此外，他還和到西域求法而留下有
名的《法顯傳》(《佛國記》)的作者法顯共譯了《大般泥洹經》
(《六卷涅槃經》)。

南北朝時代

南　朝

　　即使到了南北朝時代，仍可看到譯經僧頻繁地來到中國，
所以大量的經典被帶來中國。首先南朝宋佛陀什(Buddhajīva)
抵中國，譯《五分律》。前面提到弗若多羅譯《十誦律》、佛
陀耶舍譯《四分律》、佛陀跋陀羅譯《摩訶僧祇律》，加上這
個時代《五分律》的譯出，律藏幾乎全被介紹到漢土了。另
外，畺良耶舍(Kālayaśas)譯出《觀無量壽經》、求那跋摩(Gu-
ṇavarman)譯出《菩薩善戒經》、《四分比丘尼羯摩法》等，也
是這個時代的譯經成果。其次，求那跋陀羅(Guṇabhadra)的譯
經事蹟也是不可忽略的。他以《雜阿含經》、《勝鬘經》、《過
去現在因果經》為始，共譯了五十二部一百三十四卷的經典。

由於《雜阿含經》的譯出，漢譯四阿含終於全數問世。

　　齊代來到中土的是曇摩伽陀耶舍(Dharmagāthāyaśas)、僧伽跋陀羅(Saṃghabhadra)、求那毘地(Guṇavṛdhi)等，他們分別譯出《無量義經》、《善見律毘婆沙》、《百喻經》等典籍。

　　從漢譯經典對佛教教學影響之大來說，堪稱南北朝譯經第一人的梁代波羅末陀(真諦，Paramārtha)，攜帶大量的經典來到中土。在中國譯經史上，真諦與鳩摩羅什、玄奘、不空並稱為四大翻譯家。真諦譯出的四十九部經典中，特別重要的是《攝大乘論》、《攝大乘論釋》、《金光明經》、《佛性論》、《唯識論》、《中邊分別論》、《阿毘達摩俱舍釋論》，再加上備受爭議，被懷疑是中國人撰述的《大乘起信論》。這些論典的譯出打開了唯識學、俱舍研究之門，同時也提供中國佛教一個更多元發展的基礎。

北　朝

　　首先在北魏最引人注目的是菩提流支(Bodhiruci)、勒那摩提(Ratnamati)、佛陀扇多(Buddhaśānta)等共譯的《十地經論》。此經是地論宗所據根本典籍。另外，菩提流支還譯有《金剛般若經》、《入楞伽經》、《無量壽經論》，勒那摩提譯《寶性論》，佛陀扇多譯出《攝大乘論》。這些論典從內容上來看都是重要典籍，對中國佛教的發展影響甚大。之後北魏分裂為東、西魏，北齊滅東魏、北周取代西魏，然後是北周吞併了北齊。在北魏分裂以後至隋統一南北朝為止的五十年間，並沒有重要典籍被帶到中國來，也沒有新的譯經問世。

　　以上，以時間為主軸，約略檢討了經典譯出的梗概。直到南北朝時代的末期為止，重要的佛教經典幾乎都已經傳到中國，且被譯了出來。以阿含為首的原始諸經，小乘部派佛教的諸論書，甚至是《般若》、《法華》、《涅槃》、《華嚴》等大乘經典，《中論》以後的大乘諸論書等等，這些關乎佛教教學的核心思想所必要的直接資料，在中國人的手上出齊了。天台大師智顗的教學思想、教理，也是因為有這些經論為前提才能開花結果。而這些佛典的傳入與譯出，使中國對佛教的關心與理解逐漸擴大。

　　下一節，我們將簡單地探索中國人深入理解佛教的過程。

第二節　中國佛教的展開

佛教融入中國社會的先鋒──格義佛教

　　從佛教思想的內在性格來看，對中國人而言，它是一個不熟悉、異質的宗教。因此傳播之初，其教義的核心並未被真正地理解。

　　佛教初傳中國時（漢代），當時的正統思想是對家族倫理與政治思想表示關心的儒教。其中備受矚目的思想環境是考證訓詁的學風。所以傳到中國的佛教，對知識人而言是很難理解的，在中國社會中絕不是那種會讓人有親切感而想去一窺究竟的學問。但是對佛教而言，這種嚴峻的環境也漸漸在

改變。在中國人接納佛教的過程中，為其打開一道門的是老莊思想的發達。從三國時代到西晉，老莊思想逐漸地成長茁壯，同時尊崇虛無恬淡的老莊氣氛也開始風靡當代。標榜虛無恬淡、無為自然的老莊思想，從其思想的構造性格看來，與佛教思想中「空」的教說很類似。佛教這種類似老莊思想的性格，在那個時代的思想界中，確實保有一個優越的地位。另一方面，老莊思想也促進了在觀念上對佛教的親近感，及理解度的加深。佛教以這樣的環境為槓桿，撬起中國人對它的接納，同時也逐漸穩固其地盤。

另外，佛教人士也積極利用當時有利於佛教融入中國社會的時代狀況，倡導老莊的無為思想與佛教的般若空思想是一脈相通的想法，這種想法風靡了當時的思想界，佛教人士借老莊思想來說佛教思想。這種嘗試，一般稱之為「格義」，這也形成了從西晉末到東晉的佛教的基本立場。

脫離格義佛教與佛教的中國化

西晉滅後至五胡十六國、東晉的成立，佛教脫離了藉著老莊思想來理解的格義佛教立場，慢慢走向以佛教理解佛教的研究。換句話說，是循著正常的方式來研究、認識佛教。這也意味著五胡十六國、東晉時代，是佛教周遭的諸多狀況有大變化的時代。

從格義佛教中蛻變出來的這個時代，同時也齊備了佛教發展的條件，首先最直接的是名僧善知識來到中國，及多數

經典的翻譯已完成，再加上當時政治版圖的變動，也是促使
佛教達到飛躍發展的一個潛在因素。

　　西晉末年，中國北部的周邊地帶是匈奴、鮮卑、羯甚至
是氐、羌等所謂塞外民族活動的場所。而且這些民族多數移
居於現今的山西、陝西、甘肅等中國北部地方，隨時伺機想
要入侵地富物博的中國本土。西晉末年的八王之亂給了他們
入侵中國的機會，而匈奴族的漢（前趙）劉聰滅了西晉，建
立了匈奴族的國家，這是歷史上的一大變革。西晉的司馬睿
嚐到了亡國的苦果後，逃到南方在建康（南京）即位建立東
晉（三一七）。如此一來，中國的政治版圖被分割成異民族所
支配的江北之地，與漢民族所統轄延續西晉系統的江南地方。
江北之地在北魏統一之前（四三九）的百年間，是各民族相
互爭霸，所謂五胡十六國的興亡舞臺。江南之地則在南朝的
劉宋取得統治權之前（四二〇）約百年間，是東晉的王朝。

　　異民族入侵漢土及直接管轄中原的事實，促進破除對外
來宗教的佛教所產生的排斥、抗拒感，而有加強接納的作用。
北方民族的歷代王朝，因佛教是所謂的外夷宗教，非但不排
斥反而對之抱有親切感，甚至有護持的態度。由於五胡十六
國的國都不一，分散在諸地區，很自然地也成為促進佛教普
及到各地域的原因之一。當然北方民族的保護佛教，是和他
們自己的國家利益相連結的，這點無庸置疑。不管他們的保
護動機是什麼，北方的歷代王朝對佛教所採的態度相當有益
於佛教的普及。

江南地方因東晉王朝的建立，也使得在江北地方養成的古代中國文化有機會向南傳播，對佛教的關心與理解也間接地在南方有傳揚發展的契機。

隨著五胡十六國、東晉的建國，佛教有了擴至中國各地且深入融進中國社會的機緣。

道安、鳩摩羅什、慧遠

在有利於佛教傳播的當時環境中，佛門中立志要更精確理解佛法的人才輩出。首該介紹的大概是前秦道安（三一二－三八五）吧！他呼籲揚棄格義式的佛教，並主張忠實地解釋經文文句才是正確理解佛教的態度，且非常堅持這樣的態度。於是道安對照各種異本的經典，誓志踏踏實實地研究經典。如此一來，真正踏出脫離格義佛教與佛教中國化的真正意義的第一步。他注釋《般若經》等，撰寫經錄、經序，並且協助律藏的翻譯，更致力於確立僧尼的生活規範。在道安的多方嘗試下，令人清楚感覺到中國人開始萌生真正對待佛教的姿態。

前秦滅後，緊接著是後秦的立國。後秦弘始三年（四○一）鳩摩羅什進入長安，由於鳩摩羅什的譯經大大地增進佛教的普及和中國人對佛教的理解。前面也約略介紹過，鳩摩羅什譯出了多數而且是大乘的主要經論。他所譯的經論有《般若經》、《維摩經》、《法華經》等，還有印度大乘佛教的中心思想家——龍樹（Nāgārjuna，約一五○－二五○年左右）的

著作《中論》、《大智度論》等。這些經論的譯出，使中國本
土對佛教，特別是對大乘佛教的中心思想的吸收與消化開了
大門。鳩摩羅什的傳記說他有「門下三千、八十達者」。從這
樣的記載，可推知他的影響力之大。門下輩出有：僧肇、僧
叡、道生、道融、慧觀、道恆、僧導、曇影等無數傑出學生。
因鳩摩羅什的到來，而攜進多數經論並譯出，這對佛教生根
於中國各地的貢獻是難以估量的。

　　鳩摩羅什的門下多半是活躍於晚鳩摩羅什一個世代的南
北朝期。但鳩摩羅什早期的弟子中，也有與師在同一時代──
後秦時代大放異彩的。其中最有名的是僧肇（三七四─四一
四）。僧肇精通《維摩經》、《涅槃經》、《大品般若經》，甚至
是《中論》、《大智度論》，並且專心致力於正確把握緣起、性
空的思想。他的努力不但訂正且補足了中國般若學未成熟的
部分，同時對佛教在中國的發展有極大的貢獻。他對佛教理
解的正確度與深入性，可從他所撰寫的《註維摩》、《肇論》
中得知。這類書的出現，清楚地傳達了佛教已經確實紮根於
中國了。

　　東晉時代，另一位不容忽視的佛教大家是廬山慧遠（三
三四─四一六）。慧遠精通老莊之學，在這一門學問上，他具
有幾乎可以自成一家的深邃涵養。他在一個偶然機緣中，聽
聞了道安講解《般若經》，之後轉向佛門且出家。他致力於大
小兩乘方面的研究，例如研究阿毘曇、大小乘兩禪法等。由
於他的努力，也使廬山和建康、會稽一樣，成為江南地區佛

教研究的一大中心地。慧遠也與鳩摩羅什有密切的交往，這也顯示他積極吸收新的佛教知識的態度。在他參與的廣泛領域中，特別引人注目的事蹟有三：一是鞏固了淨土宗的基盤，二是調整了佛教教團與國家權力的關係，三是努力於儒教與佛教的融合。即，他在士大夫及文人之間弘揚淨土信仰，成為中國淨土宗發展的起源。又，其貫徹沙門不敬王者的立場，自始至終主張佛教教團應該獨立於國家權力之外，終於使朝廷承認佛教教團的獨立性地位。此外，他也對當時思想界的重要議題之一——靈魂不滅與業報必然等問題積極地發言，極盡全力於儒教與佛教間的調整。由於他活躍於各方，自然地開拓了佛教在中國的普及度及被深入理解，佛教甚至因此進入了士大夫、文人等傳統中國文化的主要階層之間。佛教，就如此地在中國社會中逐漸紮下根來。

南北朝時代的佛教動向

在南方由劉宋取代了東晉（四二〇），在北方則由北魏吞併了北方諸國（四三九），於是東晉、五胡十六國的時代結束，緊接而來的是南北朝時代序幕的揭開。總之，這個時代是繼承東晉、五胡十六國時代的佛教研究成果，且更向前推進的時代。

南北朝時代的佛教，是在東晉、五胡十六國時代末期叩鳩摩羅什或慧遠之門的弟子們，在各自的領域內自成一家並開始活躍的年代。前面提到的僧叡（三七八—四四四?）、道

生（三六九?一四三四）、道融（三七二一四四五?）、慧觀（三
六八一四三八?）、道恆（三四六一四一七）、曇影（三四九一
四一八?）、慧嚴（三六八一四三八）、僧導（三六二一四五七）
等人，都是這個時代的靈魂人物。鳩摩羅什門下三千中，僧
叡、道生、道融，加上前面介紹過的僧肇，合稱為關內四聖。
關內四聖加上前記的道恆、曇影、慧觀、慧嚴八人，則被尊
為八宿上首。他們是南北朝初期領導時代的核心佛教專家。

　　這些人在鳩摩羅什座下養成了不鬆懈、嚴謹的佛教研究
素養，且似乎確確實實地消化了以鳩摩羅什為主而完整譯出
的多方面且多數的經論。正如文字所述一樣，從格義佛教中
完全地蛻變出來，同時中國佛教的獨立也成為事實。之後，
各種的經典研究開始突飛猛進地進展，這樣的活動助長了宗
派（此處指的是學派，請勿與今日的日本宗派聯想在一起）
的形成，佛教的研究漸漸以個個經典為中心，從各種角度切
入進行研究。

　　眾所皆知，與鳩摩羅什的教風最接近的是《中論》、《十
二門論》的研究，《成實論》、《涅槃經》、《華嚴經》、《法華經》，
甚至是《阿含經》、及與阿毘曇相關的諸論書等，也都被廣泛
地研究著。以「阿毘曇」為中心的研究，形成了毘曇宗。以
《中論》、《百論》、《十二門論》為主的研究，誕生了三論宗。
還有依《成實論》成立了成實宗，以《涅槃經》為主軸進行
研究的是涅槃宗。此外研究《華嚴經》、《法華經》也形成一
種潮流。

　　隨著以經典為中心的學問研究的盛行，產生了一種值得注意的新趨勢。這個新趨勢就是透過以自己研究佛教所得到的知識為基礎，提倡獨自的教說。也就是出現了講述自己所研究的佛教的趨勢。道生也認同這樣的趨勢。道生師出與傑出的佛教大家道安同時代的竺法汰（三二○一三八七），後又師事廬山慧遠，之後來到長安加入鳩摩羅什之門。道生是一位研究欲旺盛的人，在當時佛教界頂尖大師們的薰陶下成長。在這樣的背景下，後來他提出了當時佛教界所不曾聽聞過的頓悟成佛論與闡提成佛義。頓悟成佛論主張：開悟是敏銳快速間完成的。這與當時一般所共識的，開悟是階段性完成的漸悟說是完全相反的教說。這項新的教說在當時被視為異端，遭到全面排斥的命運。另外，闡提成佛義則是承認，即使是欠缺開悟素質或因緣的闡提（一闡提，icchantika），也有成佛的可能性。闡提成佛的教說，實際上是根據當時到印度求法，回國後的法顯（三三九一四二○?）所譯出的六卷《涅槃經》所推論出來的。由於那樣的教說，在當時的中國從未有人提倡過，所以當道生提出時，引起佛教界一場軒然大波。為此，道生受到佛教界極嚴厲的「擯斥」處分。一直到後來曇無讖譯出了《四十卷涅槃經》，道生所主張的闡提成佛義的正確性才得到證明。又，道生提出頓悟說與闡提成佛義的思想背景，是源自對《法華經》、《般若經》、《涅槃經》深入研究分析的結果。這樣的教說之所以能在中國產生，也顯示出中國人對來自印度的佛教，在理解上已經逐漸深入。另外，從宏觀的

視點來看道生的頓悟說與闡提成佛義，絕非與天台智顗的教學思想無緣。

　　總之，從東晉末到南北朝時代的過渡期，在道安、鳩摩羅什、慧遠等優秀佛教大家的指導下俊英輩出，同時也增添了更加深入研究佛教的新生力。他們前瞻性的研究成果，也在後續的研究中紮紮實實地傳承下去。環繞著研究《涅槃經》、《法華經》、《華嚴經》，還有《中論》、《百論》、《十二門論》的三論，甚至《成實論》或與「毘曇」相關的諸論書等，透過這些重要經論研究成果的累積，而逐漸形成了宗派──學派，經過南北朝時代而更成長，並且造就了無數的學僧。所以，也確實達到促進中國佛教發展的責任與使命。在北魏治世已經過半的北朝，誕生了以研究菩提流支譯的《十地經論》為主的地論宗。另外，在南朝的梁代，也產生了以研究真諦譯的《攝大乘論》為主的攝論宗。這些都是因為以宗派（學派）為中心的佛教研究風氣的時代背景所致。

　　在後漢時代首度傳入中國的佛教，一直到南北朝即將落幕的時候，終於得到中國人用理解的眼神來對待，而落實於中土。主要經論幾乎全被譯出，而且以這些經論作為研究。體驗佛教真髓的努力也踏踏實實地進行著。如此一來，異國宗教的佛教終於在中國得到了所謂的市民權。但是，不管怎麼說，直至南北朝為止，佛教還是停留在研究漢譯佛典的階段。也就是說還沒到達「中國佛教」架構的階段。

　　但是，這個階段是所謂「中國佛教」誕生的前夜，也是

不能否定的。佛教的重要典籍在這個時期幾乎全傳到中國。
直接簡明地陳述佛陀教說的是「阿含」經典；雖然有些煩瑣，
卻也讓我們見識到追根究底地分析「存在」的「阿毘達磨」
論書；巧妙地說明了般若、性空教學的是「般若」諸經典，
另外，明快地討論佛性問題的是《涅槃經》及其相關諸經典；
披露壯大緣起世界觀的是《華嚴經》；還有有關「淨土」的諸
經典；教示一乘思想、諸法實相教義的《法華經》；更有龍樹
的《中論》及以後的諸論書等等。至此，佛教的重要典籍幾
乎全被帶到中國來了，而且也分別對那些經典加以研究，在
這種情況下，很自然地醞釀出一個欲統一諸經典的前提，做
綜合性地整理與研究的驅動力。諸經典在內容上，雖擁有各
自的個性，在某些地方甚至是完全不一樣的。但若從一個統
一的立場，用綜合性視點來看待這些相異處，是沒什麼奇怪
的。相反地，還應該說唯有如此才是最自然不過的吧！南北
朝時期的佛教家們，當然並不知道，原來佛教經典的成立年
代是不一樣的❶。但是，隨著時代的推移，也開始注意到不
同經典間內容的矛盾，同時也出現了對佛陀教法的本意表示
關切的人，這些人開始試著要尋找陳述佛陀根本教義最鮮明
的經典，然後以之為中心，將各經典的內容歸納在一個有條
不紊的體系中。這樣的嘗試，就是所謂的「教判」。也就是對

---

❶ 佛典，即使賦與「佛說」之名，未必完全是佛陀所說。大乘佛教的諸經
　典全是佛滅後才成立的。這件事成為定說，是近代佛教學者將佛教研究
　列入學問研究領域以後的事。

經典內容做價值性判斷，將釋迦一代所說的法，從低到高清清楚楚理解的態度。依天台大師所述，大師在世的當時，教判有所謂的南三北七。姑且不論其內容如何，其原理是將佛陀的教義按照其內容分別做價值性判斷，於是產生了將全部的經典串連起來的結果，然後再進一步進行對個別經典的研究，於是在佛教思想的理解上，就自然地與綜合性理解連上線。這樣的研究方向，無疑地為佛教研究開闢出一個飛躍性的新天地。到了南北朝時代的末期，這種研究傾向越來越強，在這個趨勢的延長線上，我們可以看到中國佛教開始開花結果。天台大師智顗正是出生在這樣一個在佛教研究上可預期的、飛躍性的新環境。

智顗的教學思想內容是怎樣的？是以何為背景？又是經歷什麼樣的過程而形成的呢？接下來將轉向本書所要揭舉的主題──智顗的思想內涵。

第二章

初期的教學思想

夫行名進趣，非智不前。

智解導行，非境不正。

智目行足，到清涼池。

解是行本，行能成智。

故行滿而智圓。

第一節　禪觀思想

《次第禪門》的位置

智顗的教學思想，通常被稱為實相論。這樣稱呼的理由是，智顗的教學徹徹底底關心的是包圍著我們的這個世界（諸法）的真實相貌（實相）。換句話說，從被認為是智顗教學思想的特徵處著眼，循著其教學思想的形成過程來看的話，不管誰都能很清楚地了解其質變的軌跡吧?! 那麼，應該如何來了解諸法的真實相呢？要掌握實相觀（真理觀）時，應該要相當細分地來考察智顗的思索過程。但這裡沒辦法那樣詳細來看，所以只能注意其思索過程中，特別顯著的發展。現將他的思想整理為初期的思想與圓熟期的思想二期。

最能明顯地凸顯智顗初期教學思想內涵的著作是《次第禪門》（正式名稱應該是《釋禪波羅蜜次第法門》）。本書是智顗停留於金陵瓦官寺時期撰寫的，也是他三十年代的代表作，全十卷。其量也能與圓熟期的代表作，所謂的三大部──《法華文句》、《法華玄義》、《摩訶止觀》相匹敵。內容上不但彙集了智顗早期的思索方向，也隱約地暗示了串連他一輩子教風特色的著作，是智顗的著作中，極為重要的一本。三十來歲的作品，在思考方面確實有些令人覺得不夠成熟的地方。相反地，該書很明顯且率真地傳達了初期的教學立場。所以，

暫且以此書為研究對象，來探索智顗的初期思想。

行（重視宗教上的實踐）

天台的教風自古以來被認為擁有這樣的特徵——即由教相門（學解）與觀心門（實踐）二門組成。也就是說，在完成悟時，應該同時具足正確的理解（教），與透過行而得到的真理的體驗（觀），這兩者在一個人的人格上，宛如車的兩輪，也意味著真正的開悟是可期待的。也可想成說：依正確的智慧為基礎而做正確的行的實修，才有可能完成真正的開悟。這樣的主張是智顗在《法華玄義》或《摩訶止觀》中，清清楚楚說明的。下面讓我來舉《法華玄義》中，天台大師親說的法語。

> 夫行名進趣，非智不前。智解導行，非境不正。智目行足，到清涼池。解是行本，行能成智。故行滿而智圓。

行與智相攜，在原有的相上顯現境（此世界的真實相），而且在明確世界的真實相時的行與智，站在行依智、智依行而被證實、被完成的關係。

這是《法華玄義》所表示的開悟的見解，這樣的悟與智、行的關係的看法，是理解圓熟期的智顗教學的基本。然而若僅是看《次第禪門》的話，並無法十分意識到打開開悟契機的智與行的統合。書中一味重視行，強調沒有行的開悟是不

可能的。智顗的教學中，逐漸重視智的取向，則是在他的思考更成熟之後的事，總之，在初期他是首重行的。初期的最大著作《次第禪門》中正明顯揭示，開悟不單只是依賴學解，而是要借助行才能實現的。也就是開悟是帶有非常強的實踐性性格。《次第禪門》的正式名稱《釋禪波羅蜜次第法門》說明了本書的性格，更重要的是它顯示出智顗撰述此書時對宗教關心之所在或思索的取向。《釋禪波羅蜜次第法門》的「禪波羅蜜」，是大乘佛教為了引導人們朝開悟方向所必須遵守的六種美德──六波羅蜜(ṣaṭ-pāramitā)之一。從布施(dāna)、持戒(śīla)、忍辱(kṣānti)、精進(vīrya)、禪定(dhyāna)、般若(prajñā)等六種美德中取出禪定，認為禪定才是引導人們開悟的最有效德行，所以以「禪波羅蜜」為中心，闡明開悟的途徑，基於此因而將書名稱為《釋禪波羅蜜次第法門》。也因此《釋禪波羅蜜次第法門》的書名帶有如下的意義，即除去行（實踐）是不可能實現開悟的，唯有在徹底地實踐行之後，開悟才有實現的可能性。這也很恰當地顯示出智顗對該時代的宗教的確信。將開悟視為是帶有實踐性的性格，在實現開悟的過程中，強烈意識到行占很大比例。這也是智顗的教學特徵，這點在智顗初期的教學思想中已經確立，而且也貫串到他後來的整體的教學體系。

那麼，對智顗來說，實現開悟的契機──行，具體而言究竟是什麼呢？接下來就讓我們清楚地來看吧！

禪觀體系（菩提心──方便行──正修行）

一般認為智顗的宗教思想中最明顯的特徵，是其豐沛的構思能力吧。此特徵已經在《次第禪門》中可以看得出來。龐大且井然有序的行的體系，非常明顯地烘托出其宗教思想的性格。

《次第禪門》所說的行的體系，其最終階段雖然是「禪波羅蜜」（「禪」的實修），但是在「禪」的實修之前，期待為了讓此實修有更有效的結果產生，而有「方便」的行的設定。而且在「方便」行之前，也被要求須發起意味著決心修行佛道不怠忽的菩提心。如此，《次第禪門》所說的行的體系，依序是「菩提心」的發起→「方便行」的遵守→「禪」的實修所。

菩提心

菩提心(bodhi-cita)，即是菩提(bodhi)，也就是為求無上覺而志勵佛道的修行，且不動心。這是佛教，特別是大乘佛教的入道條件且倍受重視。因此，或許智顗並未特別提出要發菩提心的要求，但對智顗而言，對邁向開悟的行最適合的要件正是發菩提心。這一點對理解智顗的宗教思想是不容忽視的。

方便行

如果確立了追求菩提的堅固心──菩提心的話，追求菩提的人們應該留意遵守「方便行」。「方便」是表達靠近、到

達等意的upāya的譯語。雖然「方便」一詞在各種的經典，或各教學中賦與了多種不同的意義，但智顗所採用的「方便」的意義是，為了更大地打開潛藏在自己內在的開悟動力的一種巧妙的方法。這也是在佛教漫長的展開史中，所規定的方便之語之一的「善巧方便」(upāya-kauśalya)，即以隨順巧妙的方法引導眾生。

㈠外方便

那麼，智顗所認為的「方便」行，具體上指的是什麼呢？《次第禪門》的體系則設定為內、外兩種方便。所謂的內、外指的是進入禪定中所修的方便行和進入禪定之前的階段所修的方便行，前者為內方便，後者為外方便。

首先從外方便來看，外方便是由一個項目內有五個條目，共五個項目二十五條的方便行所組成。具體而言是具五緣、呵五欲、棄五蓋、調五事、行五法五個項目所組成。更詳細地說，「具五緣」的內容指的是具足持戒清淨、衣食具足、閒居靜處、息諸緣務、得善知識五條；「呵五欲」的內容是呵止對色、聲、香、味、觸五欲的追求；「棄五蓋」的內容是指捨棄貪欲、瞋恚、睡眠、悼悔、疑等五條；「調五事」的內容指的是調整食、眠、身、息、心，即調整身心的五個條目；最後「行五法」的內容指的是，為了堅固地確立求菩提的意志而行的欲、精進、念、巧慧、一心五個條目。

由上述二十五個條目所組成的外方便，從內容上可推知，是為有志求菩提的人在日常生活中，能經得起佛道修行而想

出的實踐德目。簡單來看，首先具五緣的第一，持戒清淨指
的是生活中的一切都應該遵守絕惡勸善的戒律。第二的衣食
具足是對維持心的安定不能沒有衣食做基礎而有此規定，即
對適度的衣食要求所做的規定。閒居靜處是有關住的條項，
明確地說明了住所的閒靜是修行最適當的條件。息諸緣務是
規定對佛道修行最好的生活方式。對妨礙心集中的生活方式，
例如：操心事多的工作、與友人維持交往的應酬、對讀書或
議論等所謂沈迷於一般的學問等等，要求應遠離這類的事。
具五緣的第五，得善知識是說明與熟悉通曉佛道修行的人積
極交往的必要性。總之，二十五方便中的具五緣，非常仔細
地指出修行人的生活該如何與佛道修行相結合。

　　二十五方便的第二項，呵五欲是為了去除我們人的感覺
器官上的迷惑之因而設的項目。我們人的感覺器官——眼、
耳、鼻、舌、身五根，分別影響各自所面對的對象——色、
聲、香、味、觸之五境，而生起迷惑。五根對五境所產生的
迷惑是色欲、聲欲、香欲、味欲、觸欲等五欲。呵五欲是呵
棄此五欲，是為了禪定的圓滿修行所做的基礎。

　　二十五方便的第三項，棄五蓋不僅是要捨棄感覺器官所
產生的迷惑，更為了要捐除占意識活動中心位置的意根，即
心所產生的迷惑而設定的項目。所謂意根即心所生的迷惑，
就其內容而言，有貪欲之心（貪欲蓋）、瞋怒之心（瞋恚蓋），
使心的活潑活動怠懶的睡眠（睡眠蓋）、沈迷於空洞的遊戲或
無益的閒談、欠缺沈著穩定的心（悼悔蓋）、甚至是對自己、

對老師、對法起疑心（疑蓋）。這些迷惑當然如果它們對禪定的修習不造成妨害的話是不會被羅列在這裡的。這五蓋的捨棄也是必須在入禪定前達成的。

　　二十五方便的第四項，調五事是為了期許能獲得身心的安定與調和的狀態而設定的項目。不只調整所有飲食、睡眠、身、氣息（呼吸）、心等各個項目，最終目的更應努力取得心的安定。

　　二十五方便的第五項，行五法與前面所舉的四項二十條的方便略有不同。前述二十條的方便行，雖然在修行的形式上各有不同，但最後都是以心的平靜、安定為指標。相對的行五法是針對有志於佛道修行者，確立不動搖的信心為指標而設定的項目。或許可以說是在菩提心的延長線上，而且以更強勢的方式加進了確立以菩提為目標的不動心，這就是行五法吧。具體來看，首先是「欲」的條目。這裡談的「欲」，並不是欲望、迷惑的意思，而是指立志要從迷惑的境界——「欲界」中脫離出來，決心要正確地修行禪定最初階段——「初禪」的強烈意志，這就是行五法中所談的「欲」。接著的「精進」也與「欲」的內容沒有不一樣。一心精進的強烈的堅持心就是「精進」。接著所舉的「念」是「思念」的意思，意為該意想繼圓滿了二十五方便之後所修的禪法是值得尊重之事。也就是為了圓滿修禪，須正確地了解在初禪開始的種種禪法的尊貴性。接著的「巧慧」具有接近於「念」的內容。辨識初禪之後諸禪法間功德輕重的智慧是「巧慧」，具備這樣

的智慧，是為了期待修禪上能更有效果的實修，所以設定了「巧慧」這一個條目。另一條目——「一心」，是拂去雜念之意，是欲一心貫徹行的意志。「一心」這一個項目的設立，再次重新確立了對行的不動搖心。如此一來，「行五法」被認為是在面臨禪法的修習上，以不可動搖的堅定意志，確立努力修禪的強烈意志為目標。

總之，所謂的二十五方便，是將日常生活中，人們的生活態度及其關心取向，轉向且提高成以修行為中心的禪定修行為目的而考量出來的。

從二十五方便所設定的事項中可以看出，它們具備一項非常有特色的性格。那就是認可在二十五方便的諸規定中的修行——超脫世俗的性格傾向。二十五方便的第一項目，具五緣中的閒居靜處及息諸緣務的條目，這種取向特別深。雖然閒居靜處被設定為適合修行的場所，其理想環境是遠離人跡的寂靜地，具體上可說是深山幽谷。又，息諸緣務指的是一種理想的生活態度，是一種與技術、工藝、學問等所謂的世俗知識無關，脫離世俗、超越世俗的生活。也就是，技術或學問等被認為是帶給人們迷惑的直接原因所以被否定。總之，包含各方面規定的二十五方便，不得不視與世俗背道而馳的生活態度為理想生活的指南。二十五方便具有輕視世俗的傾向，這一點是不容忽視的。

總之，藉回應這二十五條規定所指示的諸要項，是入禪定之時，必定得完成的一個階段。

㈡內方便

　　《次第禪門》中說到，在修習禪法時，除了作為外方便
的二十五方便之外，還要加上另一項要件。那就是遵守履行
內方便。那麼，所謂的內方便是一個由什麼樣內容所組成的
實踐德行呢？它們分別是由㈠修止門、㈡驗善惡根性、㈢安
心法、㈣治病患、㈤覺魔事等五個項目所構成。下面將簡單
地一一介紹。

　　首先，第一項的「修止門」，是平息浮亂、浮動的心，期
待確立心安定的實踐法門。「止門」的止，是梵語śamatha的
譯語（「止」含有與sthāna相結合的意思。詳細請參照83頁）、
平息浮動的心、培養安定心的宗教行，是自印度以來就被認
為是重要的實踐行法之一。這個行法被吸收到這個項目來。

　　智顗在說明止門時，為了讓它的內在性格更明顯，而針
對它所有的實踐性特徵，做分類型的整理。依智顗的說明，
止門是總合①繫緣止、②制心止、③體真止三者的實踐行法。
這三種止擔當了實踐的性格，首先的繫緣止是為了平息浮動
的心，將心繫在某特定的對象，藉此來實踐讓心安定的實踐
性態度。此外也明訂了將心繫在下面具體的五個地方——頭
的上部、（前額的）髮際、鼻柱、臍間、地輪。接下來的制心
止，是對本來實體的存在能正確地看到它的真實相（空），也
就是了解本來不可能存在的心的浮動、浮亂狀態，而實現心
的安定的實踐法門。第三的體真止與前面的制心止其實踐性
格並沒有太大的差異。具體而言，不只是得知無相亦無實（本

質的實體）的心的真實相，也得知包含心的一切存在（諸法）是無相無實的狀態，即期待心安定的實踐態度，被視為是體真止的基本態度。

實實在在地遵守由這樣的實踐態度所組成的「止門」，如此一來與修禪相應的條件才開始整備。這樣的條件逐漸整備確立的狀態，即是「善根發起」之狀態。然，修止門的結果，不限於只是經常「善根」發起，也有可能生起「惡法」。在浮動心的狀態邁向安定時，原本隱藏不被注意的惡等更明顯地浮現出來。雖然這裡所謂的惡法，是在修止門的結果中被確認出來的，在此之前的方便行的實修中卻一次也沒察覺到它的存在，所以它並非是另一個全新性格的惡法。到此階段為止談過對治不同型態的惡法。若具體地列舉生起的惡法，有覺觀不善法（心不安定、浮動貌）、貪欲不善法、瞋恚不善法、愚癡不善法、惡業不善法（惡的行為舉止）等五種法。這裡所指的是「驗善惡根性」一項。這一種「驗善惡根性」被納入內方便中當做一項實踐的行。

內方便的第三項「安心法」，並沒有特別的實踐方法。就如字面上所顯示的意思一樣，再一次更徹底追求「安心」。如果平息了動亂的心、確立保持寂靜的心，是修習禪定時不可欠缺的前提的話，那麼付出再多的心力在「安心」上面也不為過。在這樣的目的下，才會再次將重新立一個尋求「安心」的方法，這就是「安心法」吧。

內方便的第四項「治病患」，是一個以「病」為題的項目，

內方便之所以納入「病」這個項目，是因為「病」與「用心」
（安心）有密切關係的緣故。即隨著「用心」的加深，會發
現病的原因常常是用心混亂之所在。因此「用心」與「病」
的問題有很深的關係。如此一來，可知病的原因在於用心，
能正確運用用心，那麼就能治癒使行者煩惱之病，以此為目
的，設定的就是「治病患」。

　　內方便的目標之一的實踐項目「覺魔事」，是以正確地「識
知」使人困惑、令人痛苦的「魔事」為目的。所謂的「魔事」
指的是「魔羅」（māra），是阻礙成道之障。智顗將「魔」分
為五類，而所謂的魔就是我們一般說的「煩惱」。煩惱在有人
的地方都可以看得到，也是使人迷惑的根源。因此，面對煩
惱時，要「善識知」之，努力去完成不讓煩惱困惑自己。所
以將「覺魔事」這一項編入實踐課程中。然，以對治煩惱為
目的的「覺魔事」的實踐課題，與前述「驗善惡根性」中，
以驗「惡法」為指標有不一樣的地方嗎？「驗善惡根性」中處
理的「惡法」如果也是煩惱的話，那與「魔事」的內容是沒
什麼不同。同是實踐的課題一再反覆地被視為標的，是因為
煩惱干擾人們的程度之強，凸顯了煩惱是成道之障。又，如
果克服煩惱就是成道的完成，那麼透過內方便的實修而與煩
惱的對峙，決不是意味著克服了最後的煩惱。由於修內方便
的五種行法，安心及煩惱的克服都將逐漸地加深，直到以四
禪開始的行法中的行，才備齊修禪定的條件。

正修之行

㈠修禪的體系——其概要

　　完全圓滿了外方便的二十五項預備行法（二十五方便），與內方便的五種行法之後，到達了可以引導人們邁向開悟境界的直接行法——實修禪定的階段。因為禪修是引導行者邁向正覺（開悟）的直接行法，所以對應前面的方便行，禪修可以說是正修之行。

　　所謂的正修之行，在《次第禪門》一書中，決不是意味著單一的行。其實那是由多數的禪法所構成的，而且這些禪法是由較低層次的禪法向高層次的禪法井然有序地構成。

　　若簡述其概要，首先應該修的禪法是四禪。之後還有四無量心、四無色定、六妙門、十六特勝、通明觀、九想、八念、十想、八背捨、八勝處、十一切處、六神通、十四變化、九次第定、師子奮迅三昧、超越三昧等都是一定要修習的禪法。但所要修的禪法並不光只是這些而已。超越三昧之後，要修比上述禪法更多的禪法，只是所應修的禪法，在《次第禪門》中，依「章」的不同，所列舉介紹的禪也不一樣。總之，必須依序地修習以四禪的階段為首的諸多禪法。

　　雖然列舉了很多的禪法，智顗對這些禪法依其性質分為四類。即四禪、四無量心、四無色定的三種禪法是世間禪（有漏禪），接著的六妙門、十六特勝、通明觀的三種禪法是亦世間亦出世間禪（亦有漏亦無漏禪），接下來從九想開始到超越

三昧的一連串禪法是出世間禪（無漏禪），其後的禪法相當於非世間非出世間禪（非有漏非無漏禪）。在《次第禪門》中，對禪法有詳細內容說明的地方，以卷數來說是從第五卷到終卷的第十卷之間，以章節的名目來說，相當於「修證章」，雖然這裡最主要說明到超越三昧為止的禪法，對超越三昧以後的禪法都沒有任何的說明。但再看「證次章」、「法心章」這兩章，可以看到大概是智顗想出來的出世間禪後半的禪法及相當於非世間非出世間禪的各種禪法的名目，這裡無法一一介紹。總之，從質的方面來看這麼多的禪法，約可分為四類。只是這四類禪法，若從內容上來看，它們到底具備什麼樣的意義，嚴格來說實在是不太清楚。至於這四類的指標，針對介在多數禪法之間不同的實踐性格，其指示的具體指標並不十分精確，只是將禪法依照從較低的到較高的方式來區分而已。也就是說在區分禪法的類別時，到底是根據什麼樣的內在性的性格呢？智顗似乎尚未有精練的想法。

這些姑且不論，在這裡可以確知的是，以四禪為首的多數禪法，是由低向高次序井然地排列、依序而修，我們也可將之視為是智顗實踐行的理想形態吧。

(二)禪修的方法

如上述《次第禪門》中所述禪法，被分為四大類（世間禪、亦世間亦出世間禪、出世間禪、非世間非出世間禪），從低向高的修禪體系，從行的「方法」的觀點來看，已經依一定的秩序被整理地相當有體系。依智顗的見解，行的「方法」

應該是整合了觀察息、色、心三者的方法。也就是說一切法
雖然非常地廣與多樣性，若嘗試依類型整理分類的話，應該
可由息（呼吸——可以直接證明生命活動沒有停止而受重
視）、色（有形對象的世界）、心（對物的心作用）三者所統
括。因此行（實踐）——修習禪法的基本方針是，必須正確
地觀察息、色、心三者，藉此掌握它們現實情況的真實相。
因此，四類的禪法——世間禪、亦世間亦出世間禪、出世間
禪、非世間非出世間禪的各項禪法與息、色、心三者的任一
項有關。下面更具體地闡述息、色、心三者與四類禪法的關
係，即世間禪、亦世間亦出世間禪兩者是依據息的禪法，出
世間禪是依據色，非世間非出世間禪是依據心的禪法。

　　如此一來，四禪以下的諸多禪法，若從修禪方法的觀點
來看，整理得非常清楚，四禪以下到通明觀的各禪法依息，
接下來的九想以下相當於出世間禪法是依據色，而法華三昧
以下的諸禪法則是依心而行。

　　依據息、色、心的禪法，是一個什麼樣的行法呢？依據
息的方法，基本上是印度宗教思想中受到重視的修行形式之
一。即數出入息以平靜心的阿那波那（āna-apāna，安般），即
以數息觀為基準的方法。但是智顗在考慮依據息的方法時，
並不單單以印度以來的阿那波那的法為骨幹，還附加了另外
一個方法。即一面保持以數出入息以鎮心，另一方面也逼問
息自身的實際狀態。總之，《次第禪門》中所採用的世間禪，
亦世間亦出世間禪的方法是以息為基準的方法，一面數出入

息以保持心的安定，另一方面也追究息本身的實際狀態。

　　接著依據色的禪法，狹義來說是觀自己的身體，廣義則是窮究我們所處的這個世界的一切。對我們而言的客觀世界的一切都是色，對主體而言的心來說，身體也是色之一。相當於出世間禪的禪法是以色的觀察作為修禪的基本，此被視為修禪過程中必須修習的禪法。

　　最後依循心的禪法，這是觀自己的主體的根本心的狀態。前面觀色的方法是觀客觀世界的方法，而觀心的方法是以觀主體心為基準，所以觀心的方法應該可以說是主觀的方法。這個方法被認定為非世間非出世間的修習方法的基本，是更高層次的修禪方法。

　　《次第禪門》所說的禪體系，是從淺的層次向深的層次展開的一個行的體系。智顗的圓熟期的著作《摩訶止觀》中規定，在《次第禪門》中所說的是漸進完成悟為指標的「漸次止觀」❶的體系，具體上是順次觀息、色、心的方法，是從淺的禪法到深的禪法漸行漸深，一步步地實現完成開悟的體系。

　　那麼，一步步登向行的階梯而能實現開悟的境界，在內

---

❶ 止觀是印度以來受重視的行之一。智顗將止觀視為是行的基本方法，是在其著作《小止觀》以後的事。他的主要著作之一的《摩訶止觀》則認為止觀是行的基本，而以止觀為基構築一個龐大的行的體系。在該書中，從方法上來看行的體系有㈠圓頓止觀、㈡漸次止觀、㈢不定止觀等三種。漸次止觀的說明，與《次第禪門》的行體系相呼應，只是《次第禪門》並未使用「止觀」一語，另，有關三種止觀的行法將在後面說明。

容上是怎麼一回事呢？接著將把視點移向這個問題。

第二節　真理的體系

《次第禪門》中，並沒有有系統地談論有關悟的境界，只在有必要時適度的陳述。因此並沒有明快的論理，即使在以陳述悟為中心的第五卷「修證章」中也不例外，亦未在此對悟的內容有直接明快的陳述。這一點正呈顯了智顗在宗教思想上的特徵，至於詳細情形，我們稍後再述。

若我們單看智顗在《次第禪門》中必要的地方說示關於悟的境界，對於徹底了悟的境地，也只結論性地說，一切法的自性（實體）是不存在，悟是能真正體會空的應有面貌的境地。接下來我們就舉幾個實際的例子來說明，把早期智顗對於這一點的想法說得更明確些。

為了使這樣的問題明朗化，一一地去確認四禪裡介紹的禪法及所開示的修證境，是最確實的方法吧。如果修禪是開拓開悟境界最直接的手段的話，其所開示的境界正說明了開悟的境界。只是話雖如是說，要對一一的禪法中所開示的修證境界做鑑定的話，卻因禪法的數量太多，所以幾乎是不可能成為事實的。不過也沒有必要對《次第禪門》中，智顗所說的悟的境界一一做鑑定，其理由是《次第禪門》所說的禪觀體系，是由低向高、秩序井然地順次修的形式而成立的體系，因此從這樣的禪體系的構造來看，如果能確定最低次

的禪法、最高次的禪法，及他們所開示的修證境界的話，應該就可以了吧。

根本四禪——其開示的終極之相

首先從根本四禪所開示的修證境界來看吧。以書中的說明為例來考察。取其義呈顯如下：

（四禪的修習）首先須從離開五欲與五蓋等煩惱開始。要達成這個目的，應該修習初禪。然在初禪的階段，心的作用尚未獲得靜寂。因此仍殘存著對事物起了這個那個等分別心的作用。而且若細分這個分別心，則可分心為粗的用（「覺」）與細的用（「觀」）。因此必須滅盡推量事物的粗心的用與細心的用。為達此目的修的是二禪。二禪的修習，確實滅盡了覺。觀二心的用，於是生起所謂偏向於歡喜的心（「喜」），這樣的心是生起迷惑的一個原因。因此努力於以對治為目標，這個努力就是三禪的修習。三禪雖然可以說是成就離開「喜」為目的，即使如此仍留有些許成為執著於迷的原因。之所以成為執著的原因是醉心於「樂」。而從「樂」中脫離是被期待的，這是根本四禪的第四——四禪所要修習的。此四禪所開示的境界是諸法（一切的存在）的無自性（其本質的實體），即「空」。

以上是有關四禪修證的說明，從上文可得知透過四禪的修習，觀得一切法的真實狀態（實相），即沒有自性、空。離「覺」、離「觀」、離「喜」，甚至超出求「樂」的境地，是「無捨亦無得」的空的諸法的實態。

非世間非出世間禪——其開示的終極之相

接下來來看被視為是最高層次的禪法——非世間非出世間禪所開示的修證境界。一如前述有關非世間非出世間禪的說明，在「修證章」中完全未提及。所以當然從「修證章」中是無從得知其內在的性格的。但仔細地檢查「修證章」的前一章「法心章」的話，大致可以正確地推導出智顗所理解、陳述的非世間非出世間禪。在那裡以法華三昧、般舟念佛三昧、首楞嚴三昧等非有漏非無漏禪來說明非世間非出世間禪，同時也總括地論述了這個禪法所具有的實踐性格。這裡也舉其部分的說明來做具體介紹。

> 行「非有漏非無漏法」的菩薩，在禪定中獲得無生忍的智慧（無生的法理，即正確地得知真實的智慧。忍是忍可，即認知的意義），與真實相應。此時不會被「生死」（迷）、「涅槃」（悟）所執。（《次第禪門》）

接著還有如下的說明：

與境（客觀的世界）相關的心，非有亦非無，超越它們
的兩極端。這是因為心是依因緣（緣起──相依而成）
而成立，所以有那樣地主張。心的狀態在這樣的情況下
被理解時，可以說是隨順非有漏非無漏法。（《次第禪門》）

　　這裡所舉的例子僅為其中一二，是《次第禪門》中用以
說明非有漏非無漏法（非世間非出世間）禪所開示諸法實相
的相應事例罷了。單看這個說明，非世間非出世間禪顯示總
一切諸法的狀態為空。空的用語在那裡一次也沒有看到，雖
然如此，那裡可以看到的是「不為生死、涅槃所執」（「不著
生死、不染涅槃」）「超有、無二邊兩極端」（「……心常不依
有、無二邊」）等的表現，顯示出與空同一事態，並不需要什
麼說明。
　　面對修禪，最初修的四禪及最後的非世間非出世間禪兩
者所開示諸法的種種相變明確了，這也大致可推測出《次第
禪門》中以實踐為目的的構思。這兩項禪法同是一種境地──
證明空的禪法，其關係是一方是修禪的最初位置──低層次
的禪法，另一方是位於最後的高層次禪法。《次第禪門》的禪
觀體系，從修禪的最初到最後只是要達成空的觀得這一個唯
一的實踐目標。本來是應該逐一檢討相當於四禪以外的世間
禪的禪法及相當於亦世間亦出世間的每個禪法，這裡則因篇
幅有限的關係無法充分討論。只介紹結論的話，事實上這些
多數的禪法都是以空來顯現諸法的真實相。

如此,《次第禪門》所闡明的行(有關實踐與悟的教說)是依息、色、心的順序漸次觀察,逐一地分別得知它們的空相,清楚地瞭解是十方世界沒有實體的存在的實相。因此,能明確得知以菩提為指標的實踐主體時,就是成就菩提。悟的境界不管在什麼樣的意義下,都是不允許實體(「自性」)的存在,是見空的境地。早期的智顗順次觀看作為統括一切法的息、色、心三者,以「次第觀」為基礎的實踐觀,徹見一切法的真實相——空,以這樣的思考模式構築其教學體系。

第三節　真理觀構造的特徵

前面我們已經討論過傳達智顗早期宗教思想的《次第禪門》,可以發現有一個教學特色,那就是將開悟與實踐緊密相連的強烈姿態。又,這樣的傾向還有另一個有個性的特徵,即說明諸法的真實相——空。這一項特徵貫串了智顗一生的教學思想,有關這一點再多些思考篇幅應該不會太浪費吧。

在初期被認定的重視實踐的態度,其教相面——特別是落實於空的說明上,似乎對論理毫無關心、冷淡的態度特別顯著。看初期的代表著作《次第禪門》,幾乎完全不承認以言說論述的方式來獨立解說悟的境界,或一切法空的情況。對這一方面的不關心,也讓人想到此時期的智顗的思想還不太成熟,但更深一層來想這樣的評論也未必妥當。

單看《次第禪門》的話,智顗教學所關心的是客觀地綜

視一切法的真實面貌，也就是令人不得不想到其未傾向利用論理來掌握甚至說明的態度。如果拒絕一切執著的境地就意味著是空的話，那麼世界的真實相——空，就不只是單純地被認識就能體得的，所謂的不為任何東西所執，惟有透過主體者本身的實踐態度才能得到應有的體會與理解。一切存在的東西，正因為具有永久的特徵——本質的實體（「自性」），所以其執著的態度才會被允許，若非如此，在真實的世界中的任何一項執著都必須被否定。因此顯示一切法的真實相的空，是不被任何東西所執的，是在自己本身之中就確立並外顯出來，唯依有這種體會的人才能體會得知。而事實上，智顗似乎很清楚地識知了空的內在性格。因此才大膽地未對諸法的真實面貌加以解說，也未對空的內在性格加以概念性的論述，應該正是如此吧。

當然用論理性的方式來陳述諸法的實相是有可能的。從這樣的方向作研究並留下非常優秀研究成果的人物，即使現在仍有流傳的代表人物有印度有名的佛教思想家龍樹（Nā-gārjuna，一五〇－二五〇），他將空的思想賦與哲學性的基礎。下面想介紹龍樹之說，以作為與智顗比較的材料。

> 不依存於淨的不淨，是不存在的。緣其不淨而有淨，是我等說。是故淨不可得。不依存於不淨的淨，是不存在的。緣其淨而有不淨，是我等說。是故不淨不存在。（《中論》二三、一〇－一一）

這是龍樹的代表著作《中論》中的用語，文中明白簡潔地論述了現象界的各種事物，均是與其他東西成對立依存關係的，所以一切的存在沒有固定實體的本性，也就是「無自性」。上述介紹的詩文是《中論》中對存在所做的論理性說明的例子，這類的例子非常多。

《中論》是龍樹的著作（只有偈的部分是龍樹所作），陳述《般若經》中所說的空思想，文中以哲學方式論述表達一切法的真實相——空的意義。空並不意味「什麼東西都沒有」或「空虛」的意思。空是存在本身想要與他者有所區別，而主張自己本質上沒有實體，也就是說空是表達存在的實況的用語。如前面所引用以「淨」與「不淨」為主軸的偈句所見一樣，存在是空，存在是其對立者空的否定者（——淨與不淨是同一個自身的話，其關係必須是相互否定）之後才成立的。因此空表達了存在是互緣而起的概念，所以也稱「緣起」，又因為有不具本質的實體的意思，沒有我（實體）的緣故，所以也稱「無我」。如此一來，空變成與緣起、無我是異語同義的概念。龍樹使用了這樣的異語同義概念——空、緣起、無我等詞彙，努力地想要明確說明一切法的真實相。其態度令人感受到強烈的論理性，有關這方面已經有許多專家們指出了。

然，到了智顗時卻有非常明顯的不同。即在說明一切法的真實相時，智顗用很簡單的方式處理了，而且對用言說文字的論理方式來說明「真實相」的境界的做法並不關心。《次

第禪門》的各章中，最重要的部分是禪法的修習方法及其修
得，請見處理證得境界的「修證章」。也就是智顗在論述上用
最大心力的是修禪方法及其結果。因此圍繞在這個問題意識
上，用對治妄念、妄執，或超越妄念、妄執等說明來陳述那
樣能與開悟之途接上線，又為了達到目的，除了修禪之外沒
有其他更好的方法。而且這樣的說明方式，並沒有針對任何
特定的禪法做說明，因此被認為可共通於任何場合。

　　又這樣的說明方法，可看出智顗在論述《次第禪門》時
關心之所在，也提示了在當時他所構思的宗教思想的內在特
質。也就是其盡心力在禪法的修習方法及其目的的說明態度，
暗示了他所關心的不在以哲學的論理方式來陳述一切法的究
極相，而著重於潛藏在空思想中的實踐面，而呈現了傾向於
實踐性教學體系的架構。如何巧妙地用論理方式陳述一切法
的相，並不意味著對空即一切法的實相能正確地得知。確立
了不為任何東西所執的實踐態度，才是真正掌握空、一切法
的真正意義。知道空——一切法的真實相，只是「理解」是
不夠的，若不以自己的全部去「體會了解」的話是無從「得
知」的。智顗透過《次第禪門》所要表達的不正就是這一點
嗎？

　　智顗在講述《次第禪門》時，就已經清楚確立的教學思
想特質，在後來的思想開展中，仍舊繼續保持著沒有遺失。
後述從「三大部」的成立看圓熟期的智顗教學思想，可以視
為是以論理方式說明三諦思想的教說，只是在內容上並不是

非常有論理性。初期形成且具有強烈實踐性格的教學，也貫串著圓熟期的教學思想。

第四節　初期教學思想的教學背景

與《大智度論》的關係

透過《次第禪門》一書而開陳出來的智顗思想，確實是智顗獨自的東西，但若從思想形成的系譜上來看，未必是只有他一個人固有的獨一思想。在他之前的佛教史的展開中，產生這樣教學思想的土壤已經培養完成。《次第禪門》中所整理出來的智顗的初期教學，當然是在豐富的教學背景下成立的。更嚴密地檢索整理的話，可以看出這是受到據傳是龍樹所作的《大智度論》，與智顗的老師慧思的教學體系的強力影響下而成立。

如前所述，將《大智度論》介紹到中國的是在後秦時代來到中國的偉大翻譯家鳩摩羅什。鳩摩羅什精通龍樹創始的中觀派(Mādhyamika)的思想，對中國佛教的發展有很大的影響。鳩摩羅什所譯的《大智度論》，一般認為是龍樹之作，但今日的學會則對向來的定說投下懷疑的問號。因此，《大智度論》是否是龍樹之作變成未定。不過在這裡即使對《大智度論》的作者問題，不去確認也是可以的，重要的是只要能顧及到它在中國所產生的影響即可。總之，《大智度論》是南北

朝時代的佛教家們所愛讀的一部書，該書是《大品般若經》的注釋書，在理解空思想上是一部很好的啟蒙書。同時也因為該書在內容上具有上述之性格，成為其受重視的泉源。而且該書在處理空思想上，不只是以論理的、哲學的方式來解說而已，同時也講述實踐、體得空思想的重要性，也詳說明達成實現空的方法。

仔細推敲《次第禪門》的論述，書中所介紹為了體得空的實踐方法，幾乎是跟著《大智度論》的說明而前進的。要得知空，需要優秀的實踐方法。而其實踐之道，必須是以修四禪為首的諸多禪法，這是一個龐大的禪觀體系。也就是說實踐之道必須是順次修禪法的「次第之道」。智顗在構築他自己的教學體系上，對這樣的教學的最基本部分幾乎完全仰賴了《大智度論》。而且《次第禪門》中介紹有關四禪以下的各種禪法，乃是依據《大智度論》所說。

如上所述，初期的智顗的教學體系，可以說是智顗對《大品般若經》的注釋書，將令人有煩瑣之感的《大智度論》的教說，重新整理構築的思想體系。

與慧思的關係

《大智度論》的煩瑣教學思想，與智顗結緣的契機，在其與慧思的師徒關係上。從《大智度論》的構成方面上來看，它絕不是一本有秩序、有體系的著作。因為是經的注釋書，所以其編排方式不得不傾向隨順經文的順序。因此，其文章

結構是在必要的時候，才論說應該主張的教說。又，其量之龐大令人裹足不前。因此，因為是根據《大智度論》所整理構思出來的教學體系，所以連接散在各處的教說，重新組合等都是必要的。但重新連接組合的作業，決不是只是隨順著《大智度論》就可進行的。智顗雖然隨順著《大智度論》，另一面也形成他自己一定體系的教說，這或許大部分是學自慧思教學的原故吧。

　　如眾所周知的，智顗師事南岳慧思，且深入佛道的鑽研，也正因為如此，受慧思的影響很大。若循著早期的智顗思想形成的足跡，可以很清楚的看出這樣的關係。現存被視為是慧思的著作有：《隨自意三昧》、《諸法無諍三昧法門》、《法華經安樂行義》、《立誓願文》等。對照檢討這些著作，除了可尋出慧思思想形成的足跡之外，甚至也可以讀出從慧思到智顗在思想上的影響關係。仔細檢討慧思的這些著作，可以很明顯地看出慧思的教學思想從《隨自意三昧》、《諸法無諍三昧法門》所主張的立場，到《法華經安樂行義》的主張，逐漸改變的軌跡。

　　從《次第禪門》來看智顗和慧思的關係，在內容上與《諸法無諍三昧法門》非常相近。《諸法無諍三昧法門》將真理的實踐視為教學上的基本立場，在這樣的前提下，該書揭示了尋求修習根本四禪以下的種種禪法的修行體系。該書中陳述的行的體系，首先是想要修習禪法，接著是要求遵守方便行，也就是以生活機能總合了方便行與正修行而成立的體系。而

所謂的正修行是修習四禪以下的多數禪法，且其修習方法是順次觀息、色與心。(但，慧思的主張是循著息→心→色的順序進行觀，與智顗的主張不完全相同，但有關他們對於順序的想法不同這一點似乎無須太執著)。

當然《諸法無諍三昧法門》所呈顯的教學思想並不是并然有序的。有關直接開拓開悟體驗的禪修，並沒有詳細記載個個禪法的修習方法，同時對禪法間的相互關係，並未給予清楚的說明，只是停留在介紹應該修習的禪法的名稱。另外，對方便行一定得在禪法修習之前實踐的思想性理由，都沒有任何的說明。而且被視為是方便行的只有五種，這與智顗的二十五方便相比，有非常大的不同。而更應該要注意的是，《諸法無諍三昧法門》一面教示唯有透過禪法的修習才能達到開悟的境地，但是，另一方面對成為行的核心部分的禪法體系，並未給予條理清楚的體系性說明。因此，即使讀了《諸法無諍三昧法門》，對到底是什麼樣的實踐性格的行，該如何去開啟開悟等，還是無法清楚了解。(慧思對禪法的說明之簡潔，或許是因為禪法的修習是當時修行僧之間的日常行事，所以無須以言說仔細說明。但這樣的說詞也只是一種推測，我們還是應該將其說明的簡潔特性，配合他的思考發展來理解是比較自然的吧。)

總之，《諸法無諍三昧法門》讓人有粗糙的感覺，將之與《次第禪門》對照，可以發現在內容的質的方面上，確實不一樣。但，這正表示它包含了《次第禪門》所揭示的教學體

系的原型。首先，行的體系必須是以生活機能結合方便行與正修行的禪法的構想，與前述《次第禪門》的構想是同質的東西。又，方便行的五種行，可與《次第禪門》的二十五方便行的第五項──行五法的五種行相對應，甚至構成《次第禪門》的正修行──根本四禪以下的各種禪法，雖然不是全部，卻可以在《諸法無諍三昧法門》所介紹的禪法中找到。從《諸法無諍三昧法門》與《次第禪門》之間，禪修體系的類似關係上看來，可以知道《次第禪門》的行的體系構想是以《諸法無諍三昧法門》所揭示的慧思的禪觀思想為榜樣的。

又，智顗以禪定為主的教風，也是受到慧思的影響所致。《大智度論》確實也明白主張「禪波羅蜜」在圓滿開悟的實現過程中，占著極重要的位置。但是，並沒有像智顗在《次第禪門》中那樣強調。所以，智顗鮮明的禪定主義立場的背景，確實來自慧思的影響。

誠然，可以推定《次第禪門》是充分參照了《諸法無諍三昧法門》和《大智度論》而撰寫的著作。因此，智顗的初期教學思想，可以說是透過慧思的教學，而與《大智度論》相接，且在充分咀嚼了兩者的思想之後才完成的。

第三章

圓熟期的教學思想

夫一心具十法界，
一法界又具十法界、百法界。
一界具三十種世間，
百法界即具三千種世間，
此三千在一念心。

第一節　教學思想的新形成

準備期

　　講述《次第禪門》之時的智顗，可以看到其教風在其師慧思的影響下，忠實地繼承師說而確立的情形。因此，比較兩者的思想，《次第禪門》的內容在構造上與慧思教學極類似。若說在這個時代，智顗尚未確立其獨自的教學體系也不為過。他獨有的教學思想是透過《法華文句》、《法華玄義》、《摩訶止觀》，所謂的「三大部」來闡述的。在這些書中，首先是觀心的法門、十界互具說，接著是三諦圓融、一心三觀的教說，甚至是一念三千等教義。從構成上來看，內容豐富的教說一個接一個地被構思出來，終於開展出完整的思想體系。

　　成為智顗教學特徵的諸教說，開始有系統地被論述，確實是在「三大部」才呈現出來。而在達到系統化地論述之前，有一段很長的準備期。在《次第禪門》與「三大部」之間，智顗撰述了《法華三昧懺儀》、《六妙法門》、《覺意三昧》、《法界次第初門》、《小止觀》等著作，在撰寫這些著作的歷程，逐漸地促成了其新思想的展開。這些著作，從規模來看雖然都屬小品，但若仔細檢討內容，可以發現從《次第禪門》到「三大部」之間，一連串思想變化的軌跡，也就是可以明顯地看出是形成「三大部」所呈顯圓熟思想的過程，有關這點

絕不可輕忽。而這些著作所呈顯的思想，不但不同於《次第禪門》，同時與「三大部」相較，也是異質的教學思想。若顧及此點實在應該將這些著述收歸視野，詳細討論這些著述與促成智顗專有的教學體系在思想上、教學上的背景及其確立的經過等諸多問題，但礙於篇幅實在無法深入討論。「三大部」中講述的圓熟期教學思想，需要一段醞釀的準備期間，現在可以確認的是，那並不是在《次第禪門》講述之後直接地被構思而成的，這一部分我們就不再多說，下面將以更一般性的、廣義的角度來看促成圓熟期的教學思想的教學背景。

與《法華經》的關係

　　智顗的教學思想也被稱為「法華所立法門」，意即依《法華經》成立的教學。這樣的性格也在「三大部」（嚴謹的稱法是「法華三大部」）中表露無遺。「三大部」所呈顯的思想，在內容上與《次第禪門》不一樣，且具有圓熟期體系的特徵。之所以有這樣的差異，或許是因為對《法華經》關心程度的強弱不同而造成。《次第禪門》所呈顯的初期教學思想，從內容上可推論出其與「般若思想」──《般若經》直接相連，卻與《法華經》沒有太深的關係。當然，初期消化的般若思想所產生的教學，到了圓熟期以《法華經》為主軸而構成的教學體系，依然是有用的。也就是說講述《次第禪門》時確立的教學思想，對以後發展的思想不會完全無關。特別是《法華經》本身，在說明智顗所關心重視的「實相」時，只是用

暗示的、象徵性的方式來陳述，因此在理解它們時，「般若思想」成為很大的投影角色，這點可不容忽視。

《法華經》的思想是哪一部分對智顗思想的形成有深遠影響呢？又，是哪一部分的思想開拓了他豐富的思索之路呢？引起智顗注意的思想大概一個是三乘歸入一乘的「一乘思想」，另一個是「方便品」中開陳的「諸法實相」的教說吧。

所謂的一乘思想，是指一切眾生都有能成佛（開悟）的資格，眾生之間對於成佛的問題在本質上並無任何差異。對一乘思想形成的過程，稍深入些探討的話，定能更理解此思想。所以，以下就讓我來簡單介紹吧。

明顯揭示一乘思想的經典是《法華經》，而此一乘思想的成立，自有其確實的時代背景。佛滅後不久仍維持統一形態的佛教教團，也隨著時間的遷移，對佛陀教說的理解開始產生異解，而呈分裂狀態。約在佛滅百年後，注重傳統的保守派和正視時代的進步派間的對立表面化，終於分裂成上座與大眾二派。分裂的氣勢並沒有停止，其後更分裂到所謂的小乘二十派。在分裂發生的過程中，各派都傾全力研究教義，這樣的努力反而促使小乘佛教的教理變得非常複雜。

隨著極煩瑣複雜的教理逐漸體系化的同時，佛教教團也開始醞釀著一股新動向。這股新動向就是在家的佛教信徒脫離既成出家教團的趨勢。這個新動向是在家的佛教信徒們，對只埋首於煩瑣的哲學思辨卻忘記佛陀本懷願救一切眾生的出家教團，產生強烈的質疑。從對出家教團的質疑，轉變成

自己才是真正繼承佛陀本懷者的信念。於是希冀救助一切眾生的在家信徒們，稱自己的立場是大乘(Mahā-yāna)，同時對只追求自己的解脫，而不關心一般大眾的出家教團之徒，貶稱小乘(Hīna-yāna)。

　　這裡產生了大乘與小乘的對立關係。傳統的出家教團以「大乘非佛說」批評大乘在家信徒們。相對的，大乘的團體批評出家教團是「小乘敗種二乘」，形成互相攻訐的局面。如此一來，站在大乘的立場來看，小乘（二乘）即聲聞乘(śrāva-ka-yāna)、緣覺乘(pratyekabuddha-yāna)與大乘即菩薩乘(bod-dhisattva-yāna)之間，存在著本質上的差異。紀元前一世紀左右成立的大乘經典，大致上是在家的信仰團體所完成的，這些經典中由承認三乘差異的內容所構成的為數不少。

　　然而，出家教團與在家信仰集團間針鋒相對的狀況，並非一成不變，漸漸地出現了想要超越兩者間對立的趨勢。這個趨勢動向的最頂點，在思想上解決兩者對立的是《法華經》。《法華經》是由前半的跡門與後半的本門所組成。在跡門中主張，如同《維摩經》等經中，貶小乘佛教為「敗種二乘」的說法，是對機根尚未成熟的人所說的法，是佛的巧妙方便，也是為出家教團的人開了成佛之道。另一方面，後半的本門是針對在家的信仰者們說久遠本佛的救濟活動，同時也強調受持《法華經》的功德之大及其重要性。誠然，被視為是稚拙、劣等的二乘教說，在《法華經》中成為與真實相相繫的教法（方便即真實），而被賦與存在的意義，於是，統一、開

放的佛法世界於焉誕生。《法華經》是立足於保證任何人都能成佛的宗教平等上，以引導各種機根的眾生歸入究竟的「開會思想」貫串全經。

　　「一乘思想」是在這樣的歷史背景中成立的教法。這個思想所教示的是，三乘差別只是方便，是為了能將三乘等同地導向較高層次的一佛乘(eka-buddha-yāna)。又，《法華經》的思想內容，常以「開權顯實」、「開三顯一」、「會三歸一」來表示，這些也是針對其內容所做的一種性格規定。

　　又，智顗對《法華經》所闡明的「一乘思想」，表示了極高度的關心，他以這個思想作為自己教學體系的基礎。智顗認為，大乘的諸經典當然不用說，甚至是小乘經典的「阿含」，都應該放入以《法華經》為中心的大體系中做理解，主張所有的佛法實踐者，都能等同地歸入終極目標——悟的境界。於是，他構想出了能夠實現歸入開悟境界的宗教實踐體系。這個體系就是後面將詳述的「止觀體系」。智顗之所以認為這個體系，可用「理論」來考量，是因為其基礎是「一乘思想」，即不承認眾生有本質上的差異,而積極地認可只要根機成熟，眾生都能成佛。「一乘思想」從思想的構造性格來看，悟的條件端賴行的成熟。也就是說，為一切眾生的開悟，開示行的體系架構。

　　接著來看，智顗從《法華經》學到的另一項重要教義，即「諸法實相」的教說與《法華經》的關係。智顗教學的基本性格，確實有種種特徵。其教義的根本，是以究明「諸法

實相」為終極目標。從這點來看，這樣的教學就可貼上以實相論為特徵的標籤。然從教學體系的構成上來看這個特徵，它是得自《法華經》方便品中論述「諸法實相」的啟發。以「諸法實相」為問題的經典，並不是只有《法華經》，也許智顗是透過各種經典來思考這個問題吧，只是在諸經典中得自《法華經》的啟發最大。有關這點，讓我們再深入一些來看吧。

《法華經》中直接論及「諸法實相」的文句，在「方便品」中有如下之論述：

> 佛所成就第一希有難解法，唯佛與佛乃能究盡諸法實相。所謂諸法如是相、如是性、如是體、如是力、如是作、如是因、如是緣、如是果、如是報、如是本末究竟等。

這是鳩摩羅什所譯《妙法蓮華經》中的文句，在梵文原典中看不到與此引文相同的形式。或許是鳩摩羅什在翻譯的過程中，汲其原意再意譯如上文吧！在與原典直接接觸機會相當少的中國佛教的領域內，受到鳩摩羅什的影響極大。智顗受到鳩摩羅什譯《妙法蓮華經》的上述引文啟發，努力研究自己教學思想的根本問題。這點可從他的「三大部」中論及「諸法實相」問題時，經常引用《妙法蓮華經》的「唯佛與佛乃能究盡諸法實相」之文得知。

鳩摩羅什譯《妙法蓮華經》所教示的「諸法實相」，潛藏

著令人難解的疑惑。研讀《妙法蓮華經》中論及「諸法實相」的相關文章，會發現其說明是，「諸法實相」是「希有難解之法」，能究竟其意的只有佛。難解之法，連佛也求而不捨的「諸法實相」，其內容意味著諸法就是存在事物的任何相──實情嗎？實在很難歸納出一個定論。又，視野不要狹隘地只停留在「方便品」的說明，若更廣泛地搜尋經中他處的解釋，將會發現經中關於這個問題並沒有明快的說明，或許正因為如此，對《法華經》的評價極端地分歧。

有關這點姑且不論，至於智顗對「諸法實相」的理解又如何呢？首先看他對《法華經》的態度，如：「今經暢如來出世本懷」（《法華玄義》一卷上）所述一般，他認為《法華經》位處經中最高地位。總之，智顗認定《法華經》是經中之經，但面對「諸法實相」的理解問題，他是否以《法華經》為第一仰賴的對象呢？事實上，智顗對「諸法實相」的理解是有其特色的，同時也是開啟他豐富教學體系的動力。

那麼，智顗的理解是怎樣的呢？僅就智顗對「諸法實相」作說明的範圍來看，可知他在說明時援用《法華經》以外的經論的例子非常多。有關其內容，則待後續。例如：智顗的教說中，非常重要的三諦說就不是仰賴於《法華經》，而是引用了被稱為是大乘佛教史上最大的思想家龍樹的《中論》的偈文（天台宗則稱之為「三諦偈」，極度重視之），這是智顗自己明白說示的。又，他有時說一諦（以不二為實相），這種說法是源自《維摩經》。總之，這些都只是為了表現實相的事

例，對智顗而言，實相的本身可以用種種方法來呈顯。這也是徹底追究智顗對《法華經》所說「諸法實相」的看法後，得到一個暗示性的啟發。

　　既然智顗對「諸法實相」的理解，直接仰賴於《法華經》，那麼他為什麼根據其他經論解釋諸法實相，那是因為透過《法華經》而清楚地知道，為邁向佛境界而精進不已的行者（實踐主體），其最終極的課題是徹底究明「諸法實相」。雖然如此，《法華經》本身對「實相」的內容並沒有條理分明且明快的說明，所以如果只根據《法華經》，則無法具體地理解「實相」的內容。為此，智顗注意到能因應這個課題的其他經論，在充分理解消化之後，樹立了他自己的「諸法實相」之見。

　　有關《法華經》的解釋，可說多的不勝枚舉。其中和辻哲郎博士所提相當有助益的思考，與其說是針對《法華經》的思想，毋寧說是直接關係「諸法實相」的解釋。因此，在此一面參照和辻博士之說，重新檢討智顗的「諸法實相」的問題。

　　根據和辻哲郎博士的解釋，《法華經》對以合乎邏輯的方式來說明諸法的「實相」，並不是那麼關心，而只採「暗示」的態度，也就是在面對絕對無限的法（真理）的內在性格時，其性格即是該經對「實相」的說明「僅止於指示」。又，根據和辻博士的解釋，《法華經》乃依據一乘或一佛乘的概念，來說示存在於差別根底的普遍原理——空、無差別，雖然沒有開展成有邏輯性的論述，卻應該要有合乎邏輯式的理解，方

能強而有利的向人說明。

　　接下來讓我們來看智顗所理解的「諸法實相」的內容。智顗對《法華經》的理解，也是認為它具有如上所述的性格。又如前述，智顗之所以努力根據《法華經》以外的經論來說明實相的內容，是因為比起《法華經》對實相的說明——「僅止於指示」法（真理），其他經論的說明更為具體、清楚吧。《法華經》中所說的「諸法實相」，其內容雖然不明確，若論其以強烈手段去追求實相，則接觸《法華經》的人們，無不顯示出其對追求實相的具體內容充滿熱情。智顗的教學體系，是在竭盡所能地要弄清楚在《法華經》中以象徵性、暗示性的方式開示的諸法實相的前提下形成的，是他經過深切思惟與實踐後的結晶。從這樣的意思看來，智顗的教學體系被稱為「法華所立之法門」是沒有什麼不妥的。

　　以上概略觀察了《法華經》的一乘思想或諸法實相的教說與智顗教學的關係，這些思想對智顗教學思想的形成有很大的影響，也是讓他的思想變得更豐富的一大動力。接下來，我們的課題要轉移到探索圓熟期的智顗教學的構成與內涵。探討這個課題，首先從簡單整理「三大部」的概要開始吧！

第二節　三大部的構成

《法華文句》

　　本書是後秦鳩摩羅什譯《妙法蓮華經》的注釋書，共十卷。其注釋方法是按《妙法蓮華經》的經文，隨文逐字的注釋，同時立因緣、約教、本跡、觀心四種指標，比對經文的意趣做解釋。概述此四種指標的意思如後。首先，第一的因緣釋是以佛與眾生的往來為問題，也就是從所謂「感應道交」的觀點來理解經文的立場。從結構上來看佛與眾生的關係，是眾生生起欲求真實（菩提、悟）的心時，來自眾生欲求真實的用，與來自欲與之呼應的佛的用相應（感應道交）的關係。將經文一一比對於這樣的關係，用較易懂的方式來說，也就是在引導眾生進入悟境之時，想說些什麼呢？這就是第一的姻緣釋的立場所做的解釋。第二的約教釋，是將經文比照於四教五味之教相的方法。所謂四教或五味都是從內容上，對各種不同教義的佛教理論做價值性判斷，分別整理為高的或低的等類別，再將其統括於一個有秩序的體系中，也就是根據教相判釋的想法來分類。將這樣的想法帶入經文的解釋中，其目的是為了要儘可能地弄明白經文的真實義。第三的本跡釋，是從跡門與本門兩方面來解釋經文。所謂的跡門，是以從佛的立場來說是救度眾生的部分，從眾生的立場來說

是成佛的實現之道。而所謂的本門，是明示佛的真相部分。藉著參照此二門的意義來解釋經文，除了告訴眾生成佛的可能性及其實踐之道之外，同時也讓眾生明瞭完成成佛的必要性，這正是本跡釋的目的。第四的觀心釋，與前面三釋不一樣，是從行佛道的行者的實踐立場，來進行經文文義的解釋。前三釋是從經意的理論面來理解的，第四釋則是為了避免觀念性的理解，而以能更具體掌握經文意趣為目標來解釋經文。總之，《法華文句》立這四種解釋方法，目的是要闡明《法華經》的本意，這也是智顗獨自的「法華釋」。

　　此《法華文句》是南朝陳·禎明元年，智顗在金陵的光宅寺講說《法華經》，由弟子灌頂筆錄而成的著作。只是現行《法華文句》並不是筆錄當時的原書，而是經過筆錄者灌頂相當程度的改訂才完成的。但若因為如此就認為本書無法正確傳達智顗教學思想的基本立場的話，那也未免言之太過了。另外，因灌頂太過重視改訂的作業，致使本書在作為表達智顗教學思想的著作，其資料的價值性受到質疑。理由是，與三大部的其他二著作——《法華玄義》、《摩訶止觀》做比較，不得不承認《法華文句》在內容上較差些。「三大部」的每一部著作都是彙集圓熟期的教學思想，其特徵是說示了「三諦圓融說」、「觀心論」。但是，陳述方法即其成熟度上有些微妙的差異。《法華文句》的教說方式，如前所述，不如另外二部詳細。即《法華文句》的解釋，其精練度尚嫌不足。從此事看來，圓熟期思想的形成過程裡，不得不推定《法華文句》

居先。由於灌頂在修改《法華文句》時，甚至更改了內容的骨髓，的確有點改得太過了。

《法華玄義》

本書全名是《妙法蓮華經玄義》，與《法華文句》一樣，都是《法華經》的注釋書，兩書相輔相成更能鮮明地傳達出智顗的《法華經》觀。又，此書不僅傳達了智顗的《法華經》觀，同時也是一本凝聚智顗教學思想精華的著作，其重要性要凌駕於《法華文句》之上。

根據目前研究的成果，本書成立於開皇十三年（五九三）夏安居，或說同年歲末。智顗在世年間似乎就已經把著述的形態整理好了，但現行《法華玄義》是經過弟子灌頂修訂的修治本。修訂大約是起於開皇十七年（五九七）秋到仁壽二年（六○二）八月間完成。

接著轉向內容部分，這對想理解智顗的教學思想應該有幫助，故下面將稍加詳細地介紹。本書是依據鳩摩羅什譯《妙法蓮華經》的五字經題，順次解釋的方法，以披露《法華經》的經意，或智顗自己的佛法觀為體裁，這與具體地舉經的文句做解釋的《法華文句》有所不同。而《法華玄義》的這種解釋方法，是因為認為經題凝集了全經的經意，這可以說是智顗獨自的釋風。按照這樣的解釋法而撰述的《法華玄義》，以所謂的五重玄義進行解釋。即，I.解釋經題名義的「釋名」、II.辯述經之體意的「顯體」、III.闡明宗旨的「明宗」、IV.陳述

力用即功德的「論用」、V.判別權實麤妙之教相的「判教」。
即以此五種視點作為解釋的主軸，對經意進行總合性的探討。
此五種玄義又分別設有通釋與別釋兩種，做更詳細的討論。
首先，所謂通釋，是彙集總合名、體、宗、用、教五重（章）
的方向進行解釋，且其解釋根據七個項目進行，此解釋法一
般稱為七番共解。具體而言七項是，i.標章、ii.引證、iii.生起、
iv.開合、v.料簡、vi.觀心、vii.會異。透過七番共解的解釋而
明朗化的內容，大抵而言是陳述闡明「實相」妙理的《法華
經》的經旨。《法華經》所闡述的「實相」妙理，其妙理的體
得正是終極的目標，的確達成目標之道是一乘，而為我們指
示道的不外乎是《法華經》。

　　接著要談論的是五重玄義的別釋，此項目是《法華玄義》
內容的中心，在量上也是書中用最多篇幅來說明的部分。

　　別釋的項目中也是分別有I.釋名、II.顯體、III.明宗、IV.
論用、V.判教相等五章。I.的釋名章又分i.法、ii.妙、iii.蓮華、
iv.經等四節，以此來解釋《妙法蓮華經》的五字經題，並展
開其詳細論述。其中，對i.法與ii.妙二字的解釋最受矚目，其
論述的行數占《法華玄義》全體的三分之二，且其說明極詳
細，這也正說明了智顗教學上的教相的骨架大致集中於此。
若再對其構成內容多加敘述的話，ii.妙的解釋，又分通釋（相
待妙、絕待妙）、與別釋，其中別釋又根據跡門的十妙與本門
的十妙展開其說明。

　　《法華玄義》大致是由這樣的構造所組成的書。為使這

個內容更清楚，接著讓我們來看《法華玄義》中占最大篇幅
的五重玄義、別釋的第一項釋名，釋名中的i.法、ii.妙的解釋。

　　首先試論「法」的解釋的核心目的，那可說是以明白開
示諸法的「實相」的內在樣式為課題。也就是《玄義》中的
法的解釋被人認為是仿效南岳慧思根據心、佛、眾生三法解
釋一切的方法，依據此三法解釋「法」一字，努力地要弄明
白「實相」，即一切法應該有的相。於是《法華經》方便品中
所論述的十如是之說受人矚目，在那裡智顗以獨自的方法（三
轉讀文）用三種讀法來解讀，即他以獨自手法來論述一切法
應該有的相。這範疇的事情隨後再述，總之，透過《妙法蓮
華經》的「法」字的解釋，使得《法華經》中的「實相」內
容呼之欲出，更直截了當地說，也就是使自我的實相觀更為
分明。

　　接著來看「妙」字的解釋吧！首先，在通釋的基調中，
用與其他諸經相比的方式，介紹無與倫比的「法華」的絕妙
性格，藉此很清楚地說示絕對境界的內在樣相。其後的別釋
是根據跡門、本門、觀心三項目來詳細解釋「妙」的意義。
其說明方法是非常詳細的。在跡門的項目裡，以境、智、行、
位、三法、感應、神通、說法、眷屬、利益等十妙來開頭妙
的意含。透過對此十妙一一加以解說，而能順次得知「實相」
的境（境妙），實現得知此妙境的方法（智妙、行妙），得知
此實相妙境的境界深淺（位妙），再依此四妙導引果德（三法
妙）。接下來的說明則例舉了妙的其他意義內容，即修行完成

後的問題，具體上則指眾生教化的問題。即探究司掌利益度
生的佛（能化的佛）的巧妙運作與受利益所化的眾生的得益
問題。首先藉著促使佛力發動的眾生之感與為酬應眾生所求
的佛之應，顯示了開拓眾生邁向開悟之途的關係（感應妙）。
緊接著說明眾生所希求的佛的種種力（神通妙）、再來，更屢
屢說明為了引導眾生而說示的佛說的內在性格（說法妙）。其
後細論接觸到說法、沐浴在教益中的眾生（眷屬妙），接著是
廣泛說明成了佛陀眷屬的眾生所能得到的功德（利益妙）。透
過跡門十妙而明示的教法世界，有諸法實相的具體相貌與眾
生所得知之實相的內在關係，或其被實現過程的結構，或是
實現了實相的得知之後所體得的宗教境界的具體相等等諸論
點。

　　之所以繼跡門十妙之後要說示本門十妙，那是因為要明
示接下來的主題——在透過跡門十妙而呈顯出通往實相之道
的背後，正無庸置疑地存在著其真實性可明確保證、絕不動
搖的真理的實體。換句話說，從背後來支撐跡門十妙的那個
真理本身就是本門的十妙。在這裡再三說明著實相真諦是貫
通於一切事物的。

　　以上，依序極簡單地介紹了構成《法華玄義》一書的中
心內容，即五重玄義的別釋的第I.項釋名中的i.法和ii.妙的解
釋中的主題。從中我們可以得知，智顗在《法華玄義》中，
想表達的是回答環繞在「諸法實相」的種種問題。這裡則無
暇進入探討智顗想要釐清的這些問題的解答內容，這些我將

在後面的章節中再重新論述，這裡則僅止於確認《法華玄義》的主題。

《摩訶止觀》

《摩訶止觀》是與前述之《法華文句》、《法華玄義》合稱「天台三大部」的書籍之一。從該書的序分，而且是開頭的一段記文：「止觀明靜，前代未聞，智者大隋開皇十四年四月二十六日，於荊州玉泉寺，一夏敷揚，二時慈霔」中可以推知，該書的成立是在隋的開皇十四年（五九四）在荊州的玉泉寺中講說而成的。但是，現行的《摩訶止觀》並不是原原本本的傳自當時的講說內容，而是經過幾度修改而成的。該書在成為現今的體裁之前，據說有名之為《圓頓止觀》二十卷本與十卷本兩種本子。以此兩種版本為基礎，再三修治增刪而成為現行的《摩訶止觀》。又，這一連串的修治並非成之於智顗本人之手，而是弟子灌頂。參與玉泉寺講說的灌頂，以其聽聞的筆記本為底本，一而再、再而三地增減修訂才完成，這也就是我們今日所看到的《摩訶止觀》。

《摩訶止觀》在智顗的諸著述中，占著非常大的比重。智顗的教學思想兼有教相（學理）與觀心（實踐）兩門，此宛若鳥之雙翼、車之兩輪。而智顗的教學思想能結合此二者而教風四播，並讓此二者成為其教學思想之特徵的直接契機，可以說是得自於《摩訶止觀》所教示的教學。《摩訶止觀》中強力主張：若欠缺了實踐，則絕非我們所應期待的佛道性格。

而且其說明方法是非常有系統的，不只強調行（實踐）的重要性，且明白開示不依行無法開示實相境界的內在性格，即使在說明實相的境，其本身的內容也是十分明快的。如果只是認定《法華玄義》填補了天台教學中有關教相方面的教義領域，而《摩訶止觀》則是擔任實踐面任務的著作的話，《摩訶止觀》的內容所具有的濃厚穩重性就被忽略了。其在論述實相面的內在性格上，所使用的方法絕不亞於《法華玄義》的論述，這不也正意味著《摩訶止觀》在智顗的教學思想中所占的分量，給予再高的評價也不為過。

又，《摩訶止觀》全書的構成，是以所謂的「五略十廣」為基礎所完成的。其全體分成下述十章（十廣），即I.大意、II.釋名、III.體相、IV.攝法、V.偏圓、VI.方便、VII.正觀、VIII.果報、IX.起教、X.旨歸。其第一章的「大意」中，又分有五節（五略），即i.發大心、ii.修大行、iii.感大果、iv.裂大網、v.歸大處。若粗略觀看此「大意」章中的各節，可知此章是對於《摩訶止觀》全書的內容先略述其概要的方式來論述的，當然在這一章的說明，都僅止於概略性的，詳細的解說則有待第二章以後才展開。在II.釋名、III.體相、IV.攝法、V.偏圓的各章中，則從種種角度來論究作為實踐基本法的「止觀」業在實踐上的種種特性，因此其構造的種種特性就凸顯了出來。VI.方便章則是詳述在實踐正修行的止觀時，行者必須事先準備的種種事項的一章。

以上粗略地瀏覽第一的「大意」章以下，到第六的「方

便」章之間的六章，雖然這樣已經將《摩訶止觀》的主題幾乎全部通讀了一次，但構成該書的中心，不外是第七章的〈正觀〉章。在〈正觀〉章中，對在《摩訶止觀》中定位為基本行而揭示的「止觀」業的具體修行方法，用凸顯出其內在面的方法來論述。也就是說，若「止觀」業擱置一邊，決計無法找到其他能保證徹見「實相」的方法。因此，所謂的止觀之業，是在實踐觀法時，必須涵括特定的觀察對象（對境——「所觀的境」）及觀察之際時特定實踐態度（「能觀的法」）兩方面，所以十觀、十境這殊勝的教說，被有系統地揭示出來。有關十觀、十境的具體內容將會在後面介紹，所以這裡就不加贅言了。總之，止觀業的基本是以十種的觀法適用於十境的觀察，藉之來窮究實相的真實樣貌，這是〈正觀〉章中明示的。

〈正觀〉章的課題並非僅止於此。如下所述，首先在窮明實相時，論述其觀察之所依及其方法，接著再論述教學中最中心、最受關注的「實相」本身的實情——內在性格。此章雖然直接教示實相內在性格的三諦圓融說及一念三千說等，但其內涵意義，將在其他章節中重新論述。

總之，《摩訶止觀》並非只是狹隘的實踐指南書，它不但指出了唯有透過實踐才能把握實相境的性格，同時也教示了要體得實相的終極境界所應修的行（實踐）的構造，更進一步描繪出藉由實踐而能體得的實相本身的相狀。《摩訶止觀》就是講述這樣一種教學課題的綜合性論書。

　　又，現行《摩訶止觀》非但不是智顗親手完成的著作，同時還是弟子灌頂經過數次的修改才完成的作品。以此為由，書中所論述的教說是否應該歸屬智顗，成為疑問，甚至《摩訶止觀》本身的資料的價值問題也受到強烈質疑。但，若依筆者之見，這樣的懷疑並沒有明確的資料可作為依據。至少目前並未擁有發現現行《摩訶止觀》完成之前的《圓頓止觀》二十卷本等，並將之與現行本做比對的條件，得輔助上述質疑的問題，做出更積極的主張，到目前為止並沒有決定性的基礎資料。例如《摩訶止觀》所呈顯的種種教說中，其歸屬問題最受質疑的「一念三千說」，在智顗的其他論書中確實未見，但因為只在《摩訶止觀》中才看得到的教說這樣的理由，就懷疑該教說是否應屬智顗，並不能說是充分條件吧?! 另一方面，若從思想的構造性格上來看，在內容上與「一念三千說」能接續的教說，難道無法從智顗的其他論書中尋得嗎？事實上絕非如此，例如:《法華玄義》所論及的「一界互具說」，在內容上是能與「一念三千說」直接相連接的。又，試將「一念三千說」放置於智顗的整體教學思想中來看，如果是一種顯著的異質教說的話，當然就有問題。然而，將之比較的結果，絕非是特異的教說。縱使智顗未曾使用「一念三千說」的「一念三千」之語，但卻已經有那樣的教學思想內涵，可以說充分地含藏於智顗的宗教思想中。總之，這裡我們將不再問究《摩訶止觀》所論諸教說是否歸屬於智顗的問題，繼續我們的討論。又，該書所呈顯重要教說內容的介紹，因為

在稍後介紹的智顗教學體系中將會論述,所以此處暫不討論。

以上,極簡要地介紹了「三大部」的構成及內容概要,以此為基,接著要將目標轉向「三大部」所呈顯的智顗教學思想的內容。

第三節　實踐的體系——止觀之行

縱使是圓熟期的智顗,對開悟的完成,即「實相」本身的體得,仍是認為沒有行(實踐)是不可能達到的。以實踐為前提來探討開悟問題的立場,是初期講述《次第禪門》以來,一貫不變的堅持。只是,在「三大部」中以「止觀」之名來總稱行(實踐),與《次第禪門》中,藉「禪波羅蜜」(禪)來統括全佛法的方法,在形式上稍有不一樣。至於有關智顗將統括佛法的機軸從「禪」變更成「止觀」的目的,筆者雖然有自己的看法,這裡則暫不論及那樣的問題,總之我想盡力讓大家對「止觀」體系的整體內容有所了解。而且明瞭「止觀」的體系,無疑的就是知悉圓熟期的智顗的實踐觀內容的途徑。

三種止觀的構想

細看智顗的整個思索過程中有關行(實踐)的見解,大約有三種行的體系,也就是所謂的三種止觀。三種止觀是從行的方法上的不同歸納整理出來的行的體系,具體上可分為

「漸次止觀」、「不定止觀」、「圓頓止觀」三種。而「三大部」
所採用的行體系，是此三種中的「圓頓止觀」，而不是前二者。
雖說無須將三種止觀全部收入視野中，但若有助於我們清楚
地理解圓頓止觀的話，還是粗略地看一下這三種止觀吧。

㈠漸次止觀

　　這是在《次第禪門》中，被視為是行的基本形式的行的
體系，因為這是智顗的初期教學思想，因此這裡實在沒有重
新論述的理由，所以極簡單地概述一番。這個修行體系的基
本方式是從淺至深，漸次加深，直到最終的至高的開悟。此
外，在理解這個修行體系的基本構造應該抓住的點是，所謂
從淺至深應修的禪，即意味著對不同禪法從低至高循序而修。
而哪些禪法是低的？哪些禪法是高的？其分辨指標在於所觀
的境，若具體地論其境，則是息、色、心三者。又，《次第禪
門》中所論述的行，如前已述是以「禪」之名來總稱行，而
不以「止觀」之名來稱呼。話雖如此，「漸次止觀」的名稱，
是在以「止觀」之名來總稱行的體系已確定之後，將《次第
禪門》的行的體系，仿效這樣的方式來稱呼的。

㈡不定止觀

　　從智顗的著述來看，「不定止觀」是屬初期的作品《六妙
法門》中所介紹的行法。這是一種將頓行、漸行的行法前後
交互修習，或淺的行法深修、或高的行法淺修等，非常自由
修習的行法。具體而言，這不是一個循一定法規而修的有秩
序的行法，而是對數、隨、止、觀、還、淨等六種行法所總

合的六妙門，隨意地、自由地修習即可。有關六妙門的每一個行法所擔任的行的性格，簡述如下。i.數，是數息門之意，數呼吸的出、入息數，藉此調整散亂心的行法。ii.隨──隨息門。與數息門稍有不同，是隨順呼吸以防心的散亂。iii.止門。是保持心安靜的狀態，遠離邪念而使心集中於單一對象的實踐態度。iv.觀──觀門。是指明明白白地觀察所觀的對象。v.還──還門。反省觀察對象之時的心，而得知那顆能觀察的心是沒有實體的，是空的。vi.淨──淨門。這是不為任何東西所執，不起妄想、妄念的狀態。以上是六種妙門的每一門所擔負的實踐態度，可隨意地自由地修習，所以說此六種妙門是不定止觀的行法。而將這個行法名之為「不定止觀」的理由，也與《次第禪門》的行的體系──「漸次止觀」的情況一樣，已經習慣以「止觀」之名來稱行的體系，故為了使其統一而賦與六妙門不定止觀之名。

㈢圓頓止觀

　　圓頓止觀是講述「三大部」時確立的行的體系，從宗教實踐的最初開始，就與更深更高境地直接關連的實踐性態度所支持的行法。在「三大部」中，特別是《摩訶止觀》中集中地論述了這個行的體系。智顗所構思的這個行，已經達到行中之行的程度。從這樣的理由看來，此圓頓止觀不可與其他二種止觀體系同列而語，因為它呈顯了智顗所主張的行的理想形態。

　　以上，概略地整理了三種止觀的實踐方法的特徵，接著

將進入探討智顗視之為行的體系的理想形態，而建構的圓頓止觀的內容。在探討這個主題的順序上，首先，就讓我們從統括一切行且被認定為是行的基本的止觀之中，最為一般性的實踐性格開始討論起吧！由於止觀業不是智顗所創，而是從印度而來的主要行法之一，所以多花點篇幅讓這個觀點更清楚，絕不會是白費的。

止觀所規定的原意與由來

智顗發現「止觀」業是行的基本，開始於比講述「三大部」更早的時期，從著述來看的話，應該是在撰述《小止觀》之時。《小止觀》的開頭明記著：「其泥洹（與涅槃同義，nirvāna 的音譯）法，即人多法，若論急要，不出止觀二法」，明白地揭示止觀的實修是邁向開悟的唯一且絕對之途的態度。其後變成智顗從止觀中尋得行（實踐）的中心，而止觀在佛教的歷史中，已經是長期以來的傳統實踐法，並不是智顗創作出來的。當然就如接著將論述的一樣，從對止觀內容的理解，導出了智顗的獨自見解。雖然智顗在那樣的基礎上構築了壯大的「止觀」體系，但止觀法本身所擔負的是印度以來長期的歷史傳統的行法。

若要探究智顗在《小止觀》之後所沿用的止觀方法，首先要從其成立來看，按今日的研究成果，止觀是表示禪定修行的辭彙，這是源自佛教，純粹地佛教獨自的用語。同時它並不是開始於原始佛教的初期，而是在稍後才形成的用語。

在初期，止觀並不像智顗所理解的那樣，以「止觀」成對的形式出現，而是止與觀分別解說的。

從意義上來看，止的原語是梵語śamatha（巴利語samatha），有「使……平靜」、「心的平靜態度」、「去情念」等意思，可以說是去情念而使心平靜的禪定修行。另一方面，觀的原語是vipaśyanā（巴利語vipassanā），有「正確認識」的意思，也含有「詳細觀察」、「見世間真實相」等義。此止與觀，在後來以「止觀」成對地被併用，大概是因為使心平靜（止），自然地與看見真理（觀）的結果相連，有這樣一種內在的精神理由吧。

總之，「止」、「觀」作為用語後，隨著時間的經過，逐漸變成含有種種意義。當然諸多意義，是在前述原意的基礎上成立的，在原意之上，再賦與其他意義。至於什麼樣的經典或論書裡，是如何地延伸說明「止」、「觀」之語，當然不是三言兩語可以說盡的問題。

止觀的定義——智顗的立場

智顗在《小止觀》以後，對行的基本幾乎只求之於「止觀」，對有關「止觀」所擔任的實踐性性格，施予詳細的定義。有關這一點，特別在《摩訶止觀》中有詳細說明。《摩訶止觀》的第二章「釋名」、第三章「體相」，均屢屢說明行法的「止觀」所擔當的實踐性格的章節，在那裡進行著非常詳細的論證。本來應該對書中所給予的定義一一介紹的，但若如是做

的話，將使論及的範圍變得太過廣泛，因此這裡僅止於介紹極基本的地方。智顗在做說明時，立名義（名）與內容（體）兩個項目，由於努力想要明立「止觀」所擔負的實踐性性格，其說明極為深入且詳細。首先，從名義、名相面來看，止分別具有「息」、「停」、「對不止之止」三義，觀分別有「貫穿」、「觀達」、「對不觀之觀」三義。因此，規定「止觀」之業是包含了上述所有的三義的行法。這個規定所提示的是從相待的觀點來看「止觀」，另外也詳細地論述了「絕待止觀」、「通三德之止觀」等止觀所具備的種種性格。另一方面，也從「體」的方向對「止觀」下定義，「止」有「體真止」、「方便隨緣止」、「息二邊分別止」三止，「觀」有「從假入空觀」、「從空入假觀」、「中道第一義諦觀」三觀，它們分別都是所修習的行的總體。

　　這是智顗對「止觀」的概略說明，因為沒有充裕篇幅一一討論這麼複雜的說明，所以對智顗所了解的「止觀」的實踐性性格，只對其特徵之處，整理介紹如後所述。首先，所謂的「止」，是指圍繞著我們的這個世界的事事物物吸引、牽制著我們的心，為防止我們的心隨外界的動向而散亂、動轉，所以令心集中、專注於一的禪定行法。「觀」可以說是以「止」為基礎，能正確地整體地、客觀地掌握圍繞著我們的這個世界的原貌的禪定之行。因此，所謂「止」指的是具備防止妄念生起，即有對治妄念的「止息」之義，以及將心傾注於一境，使心集中於一處的「安止」之義，有強烈的「定」的性

格。另一方面，「觀」是以明智觀照識別種種現象，帶有「智慧」的強烈性格。「止」的性格之一的「安止」之義，實際上是不包含在梵語śamatha內，而與同樣被譯為止，但原文不一樣的sthāna之義相同，也就是說，原本是屬於不同系列的兩義，被歸納在一起，被理解為「止」的一個禪定行的兩個性格。

　　如上綜觀智顗的「止觀」體系，若能分別看清「止」與「觀」的一般性的實踐性性格，不也很好嗎？若能認清這樣的性格，就不該忽略智顗所主張的「止」、「觀」分別包含了上述那樣的一般性的實踐性性格，更進一步地，在那樣的基礎上建構一個壯大的行的體系。而且其所建構的行的體系，就叫做「止觀」。若忽略了這點，肯定無法正確理解智顗的行。因此，我們的考察也該向前探討其「止觀」體系的構成與內容。

圓頓止觀的體系——菩提心、方便行、正修行

　　所謂止觀的體系，更直截了當地說也就是圓頓止觀的體系，其架構可以說是由求菩提的堅固心（菩提心）所引導而修習的「方便行」與「正修行」的總合體。

　　所謂的「菩提心」，是深自反省在迷惘的世界中徬徨的自己的可悲相，為了結這樣的生活態度，而步向想追求真實的堅強願心，簡而言之就是追求菩提的心。這樣的心是入佛道世界，首被要求不可或缺的心，因為若去掉發菩提心，就不

能說是佛道。這樣的態度，是印度以來的佛教的固有特徵，其歷史是很悠久的。

　　求菩提的強力意志所應遵守的必要條件是，嚴格地遵行「方便行」。「方便行」，具體來說是由二十五項條目所組成，是修習正修行的預備前行，即所謂的「二十五方便」。

　　要求發「菩提心」、遵行「方便行」的形式，並不是只有圓熟期的教學思想才有的特色，在《次第禪門》中，就已經採用這樣的形式。而且這裡提及的修習二十五條的預備前行的實踐態度，在內容上與《次第禪門》中所介紹的幾乎沒有兩樣。總之，智顗在構想「止觀」的體系時，原原本本地繼承初期所構思的行的體系的架構，這也決定了「止觀」體系的基本提綱。

　　圓熟期所建構的行的體系，是承自初期的行的體系，如果從遵守「方便行」後，緊接著的是修習「正修行」的結構上來看，應該就能更清楚些吧。但是，即使這麼說，「圓頓止觀」的體系與初期的體系，並不完全相同。「圓頓止觀」的「正修行」，並非取自《次第禪門》中，以「禪」的修習為要點而成立的「次第觀」，而是由全新的內容所組成。這點是初期的實踐觀最不同於圓熟期的地方，這也正是在本質上以教理為主區別兩者不同的一部分。以下，接著來探討形成圓頓止觀架構的「正修止觀」的組織及內容。

正修行（正修止觀）

㈠四種三昧

在修習「正修止觀」時，對修行的方法有特別的規定。智顗從行的外相面（事相）和內面的態度（精神準備）等兩方面來詳細說明，並且努力地想要確認在正修行的行法上的種種問題。因此，在這裡我們也來模仿智顗的說明方法，也就是從兩方面——一、從行的外形來看修習的方法，二、從修行行者（實踐主體）的心理準備——來看正修行的行法上的問題。首先從行的修法上的外形形式來看。

正修行的外形形式，即從事相面歸納出的規則是「四種三昧」的教說。四種三昧是行的基本形，從禪定修行的修法的形式整理出不同的四種類型。具體而言是i.常坐三昧、ii.常行三昧、iii.半行半坐三昧、iv.非行非坐三昧四種。那麼這四種三昧行的行規又如何呢？智顗是藉「身的行為」、「口的功用」、「意的活動」，即身、口、意三業，詳細介紹其行規。

常坐三昧

常坐三昧，如文字所示是以坐為主的行。依行、住、坐、臥分類人的平日行為，不考慮行、住、臥，只以「坐的行為」為主的行法，這就是常坐三昧。對此行給與詳細說明的《摩訶止觀》，首先對修行人數的多寡問題並不以為意，人數多也好、少也無妨，但獨自修行的效果更大。對場所的說明，則有附加條件——需要靜室，乃至閒靜的場所。接著，只要專心一意地「頂、脊端直，不動、不搖、不萎」地坐著。修行期間規定一期為九十日，除了吃飯、如廁外，就是結跏正坐。

這是有關身的規定。至於口業方面，「默」是修行時的通常態度，只是若有疾病、睡眠等妨礙修行的障礙產生時，則可稱佛名號以除障礙。而意業方面則指在端坐正念的行中，修心的起處。這時候要壓制妄念、邪念的生起，用心於實相的境界。以上是常坐三昧行的基本，是智顗根據《文殊說般若經》、《文殊問般若經》所說而研發出來的。但，兩經中並沒有和智顗所說的常坐三昧完全同樣的三昧的形式。《文殊說般若經》中，雖然也說「一行三昧」，但並沒有九十日間常坐的規定；另外，《文殊問般若經》雖然有九十日間常坐的規定，並未言及「一行三昧」，可見兩經對常坐三昧並沒有完全相同的規定。而且智顗本身對其經證的問題並沒有言及，雖然如此，卻可以看到與《大智度論》中所論述的常坐三昧的性格和內容一脈相通的坐禪。《大智度論》裡記載著，結跏趺坐是最安定的坐法，疲勞也少，同時這樣的方式是比任何行法都要優秀的。或許《大智度論》的這種見解，正是智顗所注意的地方。常坐三昧是參照《文殊說般若經》、《文殊問般若經》、《大智度論》等經論中，有關坐法的說明而想出來的行法。

常行三昧

這個行法是將重點放在行道的一種行法。其名稱的由來，是採自在道場上繞行的修行方式，也就是根據身的行為而來。具體的形式是，先布置一個莊嚴肅穆的道場，安奉阿彌陀佛像為本尊，並以九十日作為一個修行單位，沐浴、只管繞行。這是有關身業的一般的規定，而有關口業的規定則是九十天

裡面，不斷地口稱阿彌陀佛的名號，或念阿彌陀佛的相，或稱與念相互配合，一定得遵守這樣的修行規定。另外修行時的心態，即意業上，首先念觀阿彌陀佛的世界及在中央說經的阿彌陀佛的相，再來則令行者的心與佛無有差別，達到觀行者與佛平等一體的境地。

　　以上是常行三昧的一般規定，是按照《般舟三昧經》而考量出來的，如同在統一的精神狀態中，十方的諸佛現在在眼前佇立一般，努力地念阿彌陀佛，故也稱「佛立三昧」。

半行半坐三昧

　　這是合併行道、坐禪而修習的三昧行。但所謂的合併，並不是單純地一半一半地修習上述的常坐三昧與常行三昧。這個行法也有特定的行規、明確的典據。具體而言，是依據《大方等陀羅尼經》的「方等三昧」，及狹義上按照《法華經》普賢品和《普賢觀經》的「法華三昧」兩種行法、是半行半坐三昧。極簡單地分別介紹其概要如下：

方等三昧

　　首先看方等三昧，一般而言這個行法包含著較深的密教色彩，在事相上有種種嚴格的規定，同時也須持誦陀羅尼，即所謂的密咒。其規定所述如下。首先，莊嚴的道場是不可或缺的條件。在閒靜的地方設置道場，以塗香泥來裝飾道場，安奉二十四尊像，保持身上所帶任何東西的清潔，每日三度沐浴，清潔身心。然後敦請嚴守戒律德高望重的僧侶（次於僧正、僧都）指導。圓滿上述諸事項後，接著是修習行道與

坐禪的階段，進入這個階段後，首先誦陀羅尼一篇，使增利益，頂禮三寶、十佛，更進一步焚香、供養身、口、意三業，懺悔罪咎，之後，繞行一百二十遍。繞行時，每繞行一圈誦咒一篇，繞行持咒之後禮拜十佛、十法王子，其後卻坐思惟正念。思惟後，再起旋咒等重複上述的行法。又此行七日為一期，且修習時行者的精神狀態，應保持在思念「實相中道」。

法華三昧

這是以三七日為一個修行期，按照《法華經》而進行修習的行法。道場的莊嚴、高座的設置，以及安置一部《法華經》、行者本身保持身的清淨，備足這些之後，禮三寶及迎請與《法華經》相關的釋迦如來、多寶如來等諸佛、諸菩薩，懺悔眼、耳、鼻、舌、身、意六根之罪障，使之清淨，之後再移至行道。旋遶法座、燒香散花、唱三歸依文（自歸依佛、自歸依法、自歸依僧），一面誦經，一面行道、繞行。這時候的誦經，在方法上有二種形式。即一是入道場之前，事先誦一部分《法華經》，行道終了時再完成全經的讀誦（具足誦經），二是只誦《法華經》安樂行品一品，二、三遍的形式（不具足誦經）的二種方法。只是這兩種形式，應該採哪一種呢？並未有明確的指示。

這是對於法華三昧的身業、口業非常概略地規定的部分，事實上這個規定，並不是《摩訶止觀》所直接說示的。在《摩訶止觀》中，只舉了「身（業）開為十」，具體上並沒有任何的說明。但其後緊接著是寫有：「按別著《法華三昧》一卷，

理解其具體之所」等字句，即明記著據《法華三昧》一書，即可認知法華三昧的基本行規。問題是《法華三昧》是一部什麼樣的書呢？有關這一點，考慮種種可能，我猜想那應該是現存以《法華三昧懺儀》之名，且內容與法華三昧相關的書吧，故若以此書為媒介，應可推定出法華三昧的行規。

另外，呈顯法華三昧性格的另一個規矩，是來自意業觀點的規定，法華三昧行與前述諸行一樣，與實相的究竟點有關。事實上，《摩訶止觀》中對這方面的說明並不明快，其旨趣也不確定，然留心注意讀其全文的話，就會讓人有那樣的想法。再深入一點來看，《摩訶止觀》所論述的法華三昧，是以慧思所教示法華三昧的二種行──有相行、無相行為主而展開的，如果從得「妙證」的立場來看這二種行，似乎均說明著不是主張這些行的絕對性。如果可以這樣地理解《摩訶止觀》那一連串的論議的話，其論議恐怕就是為了教示克服對行的執著而插入的。也就是說如果固執地主張導向「妙證」的行是有相行，或是無相行的話，那麼就是一種執著，若如此通往「妙證」之道就被阻隔。如是，行應該是要拒絕任何一種的執著。這樣的論議集聚在法華三昧的意業上，意味著法華三昧是不被任何東西所執的行，是直接與實相的境界相關連的行。

非行非坐三昧

具體而言，這個行法是以《大品般若經》所說的「覺意三昧」、南岳慧思的「隨自意三昧」為基本的行法。由於禪定

方法分為四類，以這樣的名稱來稱不屬於坐禪也不屬於行道的「覺意三昧」或「隨自意三昧」，使其成為一個獨立的行法。

如其方法所示，「起意即修三昧」行，也就是心面對對象所起動的念時，反照觀察其心之行。因此，這個行是行、住、坐、臥的任何一個場合的行業。

又，心的反照觀察是跟隨觀察「四運心」的形式來進行的。即，以時間的經過尺度來對照心，尚未生起的心（未念）、欲起的心（欲念）、現在生起正在運作的心（念）、運作結束的心（念已），分此四種形式（——此四種心名之為「四運心」）一一觀察。又，在觀察有關心的善（好的心念）、惡（壞的心念）、無記（善惡難判的心念）三心上，是從前述四運心來完成的。

由於此非行非坐三昧的獨立，開啟了無有特定修行形式的三昧行，這也教示了日常生活中的任何地方，都可以是佛道修行的場所。或許智顗有意將我們生活中的任何狀況，編入佛道的修行，而加進非行非坐三昧。

以上，論述了四種三昧的行規，由此可知四種三昧是綜合地整理考量了傳統佛教中的種種行而完成的。坐禪、行道、誦經、懺悔、誦咒等，這些都是在佛教的歷史中，以某些形式提出，並且實際地去修習。而且由於將覺意三昧——隨自意三昧編入修習的行法中，使佛道修行的機會得以擴大至日常生活中。從四種三昧的構想成為系統化看來，它傳達了非凡的教學體系的組織者——智顗的一面。

㈡十觀、十境

　　四種三昧是著重於修行「方法」的形式，而行一定在其內在中有一定的課題與目的。行的內在面才是四種三昧的各自本質，智顗則對這一方面，以十乘觀法、十境教說加以廣說。以下，以十乘觀法、十境教說為線索，來探尋圓頓止觀的內在構造。

十境

　　欲明十乘觀法、十境教說的教理，必定是遵守並完成了二十五方便之後，也符合進入修習正修之行的條件的階段。也就是說，十乘觀法是以正修行的內容為觀法，十境則是實修十乘觀法時所設定的觀察對象、觀法的對境。作為正修觀法的十乘觀法須預想對境，觀察對境之後才有觀法的成立，也就是一定要有觀法的對境。然而，這個觀境，若從正確掌握諸法（存在的真實相）的宗教性課題為骨幹的智顗的立場來看，諸法等於一切法，那麼對境未免太過於空漠，焦點難聚，因此也難期待止觀的效果。所以才會想出有十境的想法。所謂的正修行，若概說其基本，則可以說是設定十境為觀境，且以此（十境）作為十乘觀法深入觀察的一種行的體系。接著，讓我們從十境的構成、內容開始探討吧!

　　十境，具體而言是以「陰入界境」為初觀之境，接著再加上煩惱境、病患境、業相境、魔事境、禪定境、諸見境、增上慢境、二乘境、菩薩境等九境而成為十種的境。也就是，從凡夫位開始到開悟為止的過程中，止觀業的修行者所遭遇

的障礙分有九種，再加上「陰入界境」構成十境。以下，簡
述各別境的內容。

陰入界境

陰入界境，指的是五陰（五蘊）、十二入、十八界，即以
佛教所認為的一切現象世界的構成要素為法，具體而言指的
是：色、受、想、行、識的五陰；我們的主觀感覺器官——
眼、耳、鼻、舌、身、意的六根，及與六根有關的客觀知覺
對象——色、聲、香、味、觸、法的六境，此六根與六境構
成十二入；此六根、六境，再加上以此六根、六境為條件而
產生的眼、耳、鼻、舌、身、意的六識（認識作用）總合而
成十八種的法（十八界）。這也是將這個世界解釋成主觀與客
觀的總體。站在這樣的立場，從構成要素的觀點，以主觀的
認識及其作用，及相關的客觀性世界的形式，劃分各自的範
疇領域，甚至是呈顯出使這些領域成立的基本要素而說的法，
以上教示說明了此現象世界的成立。也明白地闡述陰入界境
形成了這個現象世界。

煩惱境

以陰入界為對境而修習十乘觀法時，隨著修行的加深而
生起煩惱。預想以此煩惱為境的是煩惱境。煩惱在平時是潛
伏的、無法確認其存在之有無的情形是很多的。止觀的修習
是為了導向心的澄明，卻反而凸顯了煩惱的存在。這就像碰
觸了沈睡的獅子，牠醒來，吼嘯宛如地震。修習十乘觀法的
結果，使被忽略的煩惱，沸騰般地生起，以此（煩惱）為對

境，使觀察更深入。

　　病患境

　　這是隨著止觀行的加深，而使行者的肉體產生痛苦的疾病。依智顗的分類，病分二種，一是真正使人痛苦的疾病，另一是像釋尊或維摩居士為導人向菩提以病為手段假稱病。前者的病是現實的病，在修習止觀過程裡，體驗了肉體上的苦惱。不僅精神變緊張，隨著生活環境的變化，止觀行有時候也在肉體上帶來變調，這些也是導致生病的原因。因此將病患納入止觀之境。

　　有關病因及其治療法，首先以四大的不順（地、水、火、風——物質的基本構成要素）、飲食的不節、坐禪的不調、用鬼或魔來表示的煩惱，還有源自過去世的業等為病因，另外有關治療法有止、氣、息、假想、觀心等為主的精神療法。對於病因及其療法的如是見解，在今日看來依然含有許多的不合理面。總之，在修行的過程中，將疾病納入問題考量的姿態，這正傳達了智顗在實踐面上的考量幅度廣大。

　　業相境

　　這是以因果報應的思想為背景而想出的觀境。現在的自己受到長久的過去（前世）很深的限制，只有現在的自己決不是自己的一切。以過去世所做的種種善惡行為為因，在現在的這個時點接受種種的果報，人就是存在於這樣的構造上。雖然這是根據因果思想，來理解人類的面貌，實際上是這樣的人間觀以業相觀的背景。隨著止觀行的加深，就宛如研磨

明鏡能使諸相更容易在鏡面明瞭顯映一般，永劫的過去所做
的善惡行為的果報，都非常清楚地意識到了，它妨礙、擾亂
了心的安定。因此要求要正確地去觀察過去行為的結果。又，
在定中出現善惡相的觀察，被列入行的一項重要任務的想法，
在那個時代似乎已經有某些程度的普遍化。業相觀，在思想
上是要去自覺在定中出現的種種相，是前世中自己所做善惡
行為的果報，要對之負起責任。這也是值得注意的觀法之一。

　魔事境

　魔，可以說是象徵修行者本身在精神面上的脆弱面。在
前述以業相觀為觀境的止觀行中，在修行的層次越來越深後，
惡逐漸謝盡善次第生起的條件也開始備齊，但在這個狀況的
根源上出現會妨害止觀行不為人所好的事態。所以才名之為
「魔事」，具體上常被以鬼、惡魔的方式呈顯。換句話說，有
長得像琵琶而有四目兩口，發出怪異的聲音以妨礙禪定的惱
惕鬼；以豔麗姿勢出現的時媚鬼；用種種巧妙誘惑的方法來
妨害修道的波旬（pāpiyas，魔王）的眷屬——魔羅鬼等三種。
像這樣以象徵三種惡魔的惡的心態為觀境的，就是魔事境。

　禪定境

　禪定直接導出開悟，這本來是不應該否定的，反而是應
該獎勵的。但，在完成開悟的過程中，禪定有時候反成為決
定性的障礙，這種狀況出現在，陷於盲信可能帶來開悟的禪
定效用。這時以禪定為觀境，欲確立對之不偏執的修道心。
又，禪定有非常多種，智顗將之整理為十門，並實踐之。

諸見境

諸見境，指的是在行裡面被認為是獨斷的邪見。這個邪見也包括執著透過禪定能得到無執著境地的態度，因此在佛道修行的過程中，是屬於最應該否定的。這個邪見有時候是很難與妙悟做區別的。以此等邪見為對境的是諸見境。又，按智顗的介紹，陷於這樣的邪見，在中國南北兩域中，以北地特別顯著。這是北地佛教的教風，實踐傾向的現狀強的關係，故有的一個否定性結果。

增上慢境、二乘境、菩薩境

有關此三境，在《摩訶止觀》中，並沒有論述。有關十境的個別說明，只說到前面的諸見境。智顗不說的理由，雖然有很多不同的解釋，都是推測之說。據筆者個人的推想，此三境之所以被預設為觀境的理由，是即使在反覆地對治執拗的煩惱，仍然有無法對治頑強的、難應付的煩惱殘留著。增上慢、二乘、菩薩也被列入觀境，或許他們即使去除邪見、偏見之類的對境後，對自己尚未達到的境地，一味地「獨斷」地自認為是究竟的，這些仍然無法完全掌握的關係吧。不得不令我做如是想。

觀心論

正修的止觀，是以前述內容所組成的十境為觀境的修行體系。在此十境的觀察上，實際上是有些附帶的特定條件。

首先，止觀行的對境──十境，在實修止觀業時，毫無例外地，十境不是經常被當做觀察的境。第一的陰入界境，

雖然明定著一定是觀察之境，其他的九境，由於未必經常生起，當它生起而開始妨礙止觀行時，才要把它視為觀境。另外此九境的生起，並沒有規則性，而是呈現複雜的樣相。總之，其他九境是隨著境生起時，才被視為觀境。

　　然而，規定陰入界境是應該被觀察的觀境，這一項規定凸顯了智顗的止觀體系是一個有個性的體系。當然從規定陰入界境為常的觀境這一點來看，並不是即席地決定了這樣的性格。即使規定陰入界境為觀境，也是附帶一定的條件，這個條件正是引導智顗的止觀體系成為有其個性的體系。那麼它的體系，到底是怎樣的東西呢？直接以智顗的話來介紹吧。

　　今當去丈就尺、去尺就寸、置色等四陰，但觀識陰，識
　　陰者心是也。（《摩訶止觀》五卷上）

止觀的行，在任何場合都可以以陰入界為境來修。雖如是說，嚴格說來就如同丈、尺之於寸一般，從色以下的五陰中抽出識陰（心），將識陰定位為境的基本。如此一來，基本上止觀的行，是觀察心的行業，換言之是「觀心」之行。

　　心被列為觀境的基本，其理由是因為對行者而言，它經常現前，因此可以說是直接性的。如此，觀察心等於是觀察一切法（存在的一切事物）的方法，這是出自「觀心論」的立場。

　　又，從觀心論的觀點來看十境，煩惱境以下的九境是隨

其境生起時，才被視爲是觀境的理由是可以認同的。煩惱境以下的九境，除了以疾病爲觀境的病患境在性格上有些不一樣外，廣義而言，九境可以說是以煩惱爲基本性格而成立的。它們是在深入觀心時，在窮究一切法的真的狀態（實相）的過程裡，生起的某種意義的煩惱。因此，唯有等它生起，才能將它納入觀行的對境。

十乘觀法

接著讓我們來看，以觀十境爲對境的觀法，是能觀之法的十乘觀法的基本性格。十乘觀法是由觀不思議境、起慈悲心、巧安止觀、破法徧、識通塞、道品調適、對治助開、知次位、能安忍、無法愛等十法所組成。此十法又稱十重觀法，也稱十法成乘，又十境的一一境都適用此十乘觀法，所以也可以說是百法成乘。以下，概說其內容。

觀不思議境

觀不思議境是觀察不可思議的境的意思。然「不思議境」到底是什麼樣的境呢？針對這一點，智顗提出非常重要的「一念三千說」，即此觀不思議境以「一念三千」的教說爲境。

然而，以「一念三千」來表示所觀之境的能觀之法，具體而言是怎樣的行法呢？有關這點，向來也提出多種解釋，至於哪一個解釋才是正確的？實在是很難下判斷。因爲無法詳細介紹那些解釋，所以僅略舉一、二來做說明。例如天台宗的中興之祖——六祖湛然以「四句推檢」來解釋這個觀法，還有另一個解釋則是以「一心三觀」來理解。依筆者個人之

見，湛然的解釋最能體察那樣的意旨，但它也是非常學說式的，給人勉強組合在一起的感覺也很強，仍然含有些許問題。在一念三千說的說明之末，我們可以從「觀不思議境」的內容來推知，這是隨著觀「不思議」觀法的境而給予那樣的名稱。此觀的能觀之法，故意不以特定的名稱來稱呼，而只是極單純地解釋為「觀不思議境之觀法」。當然在說明一念三千的段落裡，也該對「四句推檢」及「一心三觀」做相關連的說明，但在這樣的限度內，雖說將能觀之法冠上「四句推檢」或「一心三觀」的特徵亦無不可，但這也很有可能又落入了過於強調某一方面的情況。又，一念三千、四句推檢、一心三觀等，我們將在後面另闢篇幅來試論其內容。

起慈悲心

這是真正的發心。換句話說在完全地體會了一念三千的不思議境後，也希望讓其他人能和自己一樣去體驗不思議境的最高利益。「起慈悲心」中的慈悲心，就是以「拔苦與樂」為指標的心，發這樣的心，具體而言是指發「四弘誓願」之心。智顗堅持以四弘誓願作為自己的誓願，且要求要貫徹自利利他。這是發起慈悲心的具體實踐態度。又，四弘誓願指的是眾生無邊誓願度、煩惱無數誓願斷、法門無量誓願學、佛道無上誓願成的四種誓願。這可以說是慧思—智顗間傳承的教學，在其開展過程中逐漸定型化的模式。

巧安止觀

注意或把心安住於真理世界的法性，正確地分辨法性的

實踐態度，這是巧安止觀這個觀法的基本姿勢。智顗在說明巧安止觀時，分(a)總的巧安止觀、(b)別的巧安止觀二方面，給予相當詳細的說明。但，這裡我們無暇做深入介紹。總之，用心或把心安住於法性，壓制妄想心的生起而體驗真理法性，同時也努力於利他的作法，就是巧安止觀。

破法徧

即使按照巧安止觀努力地分辨法性，仍然無法完全地看清真實，徘徊在迷惘的世界是可以預想得到的。之所以會這樣，是因為在那裡仍留有偏執。如此，為了確定破除，對治那些偏執而修的，就是破法徧。「上善巧安心，則定慧開發，不俟更破。若未相應，應用有定之慧，而盡淨之，故言破耳」。智顗對此破法徧表示了強烈的關心，這可以從他用了相當大的篇幅來說明破法徧可以推知。作為破法徧的觀法而提示的，就是剛剛我們前面講到觀陰入界境時所採用的方法之一的一心三觀。有關一心三觀將在稍後敘述，這裡暫不涉及具體的說明。總之，破法徧的目的，為了徹底破除偏執，此乃根據佛教裡面以破執著而說的無生門，按照一心三觀而進行破除一切的偏執。

識通塞

即使努力於破法，仍有因民智未開而無法實現證得實相之境，因此對自己的修行狀況，有必要謙虛地反省停滯的理由。站在反省上，引導修行進度的是什麼呢？相反的阻礙修行進展的又是什麼呢？對那些因素，一一地去認識，努力地

去破塞促通，就是識通塞的實踐態度。在識知通塞的方法上，智顗具體地舉了四諦、六度、十二因緣，因為這些教義裡面包含了塞的因素及通的因素，有關其說明在這裡則不做介紹。總而言之，面對自己現在時點的修行情形，要求要深刻地、敏銳地反省，便是這個觀法的基本。

道品調適

在修完破法徧、識通塞等觀法後，仍無法快速地與真實相應時，就該修此道品調適。道品，指的是四念處、四正勤、四如意足、五根、五力、七覺支、八正道，即所謂的三十七道品。調適，是指適切地調停之意。因此，這是適切地應用三十七道品而期待能得到成果的行的形式。但是，三十七道品本是小乘的禪法，智顗卻把它解讀為大乘的禪法，並保證藉由三十七道品能得知真實。又，在解讀三十七道品中，統合了一切的教義、教說，這樣的方式透露了智顗構築綜合性教學體系的特殊教風。

對治助開

對治助開又稱對治助道，是當修習截至此項之前的觀法之後，心仍未定、不能得悟時，所實踐的有效破除遮障的方法。具體而言那是施行六波羅蜜，即在慳貪心生起時以布施對治，破戒心生起時以持戒對治，瞋恚心生起時以忍辱對治，放逸懈怠心生起時以精進對治，散亂心生起時以禪定對治，最後當愚癡之心生起時以智慧對治。修大乘諸經典中廣說的普通行──六波羅蜜行，期待更豐富的成果。從這點看來，

或許這正是此行被稱為對治助道的緣故吧。由於這項助道行的緣故，使以不調收場的「觀不思議境」以下的六種行法，都能變成得到好的結果。

知次位

十乘觀法的第八——知次位，是修畢前面七種觀法的階段，正確地識知自己現下的修行情況，是為了防止自己陷入增上慢的境，踏上正確的修行之道的一種宗教性的反省。行者如果獨斷地一味地堅持「未得謂得」，在修行上不能忍受自己等，這些都對修行造成極大的妨礙。因此，正確地認識自己的修行進度、情況是有必要的。又，反省是比照修行階段來實踐的，這裡則關係到智顗獨自的行位觀。有關行位的問題，預定在後面另述。

能安忍

能安忍，可以說是一種不動搖的實踐態度。在修畢前面八種觀法後，開始轉法障、開妙慧。即使在這樣的狀態下，也會受到求名利的心或其他的種種煩惱等，所謂內外強弱兩種的誘惑，誘使行者走向失敗。因此，為成就佛事，努力忍受誘惑的堅固意志力是必要的。

無法愛

到這裡，修畢前述九項觀法，這時候妨礙開悟的一切障礙盡除，應該是可以進入真實的境界。儘管如此，還是沒有辦法超越最後一線而停滯。其理由是仍留有「法愛」的緣故。所謂的法愛，智顗把它比喻為一條行進的船，並說明這條船

雖然不受沙或海岸所阻，但卻宛如沒有風吹的船，不能前進也不能後退一樣，一切執著之心雖然已除，卻因無法前進而成為最後的障礙。因此，這個障礙也被稱為「頂墮」，而以克服這個障礙為指標的實踐就是「無法愛」。

　　以上是十乘觀法的概要。在四種三昧的修行形式中，以十境為觀察對象時，一一境均適用此十乘觀法。專心致力於應該窮其究竟的「實相」，可以說是止觀體系的基本架構。只是十乘觀法中，第一的「觀不思議境」法遠比其他九種觀法重要。如果能充分地應用第一的觀不思議境，窮究諸法的「實相」的話，那麼未必需要其他九種的觀法，這樣的講法固然應該沒錯，但是這樣的解釋是否完全正確仍有問題，湛然則認為按修習十乘觀法的實踐主體的根機（資質、能力）不同，其應修習的觀法也不一樣，上根的人只須修習觀不思議境，中根的人則依起慈悲心以下的六種觀法修行，而下根的人則依十乘觀法全體而修，不同根機的人依不同的觀法修行，能夠達成掌握實相的究竟目標。湛然這樣子主張，也不是沒有理由。

一心三觀

　　智顗所構想出來的觀法，十乘觀法達到了極點，雖然那確實是他的觀法的全部，但細看他所說的，可以看出他極重視某些特定觀法，且很努力地對那個特定觀法做有系統的說明。那麼，他重視的那個觀法到底是什麼樣的觀法呢？是「觀不思議境」法的一種，而且在其他處所也無數次地、被獨立

出來且有系統地介紹的是「一心三觀」。

　　為了明白一心三觀的構成與內容，首先要知道的是何謂三觀。所謂的三觀，指的是從假入空觀、從空入假觀、中道第一義觀三種觀法。就內容而言，與三種的真理——空、假、中三諦有關，可以說是擔負了完成開悟的實踐課題的觀法。智顗認為真理（諸法的真實相），即「實相」，可透過空、假、中三諦極正確地表達出來。因此，他非常頻繁地論述實相的當相，藉由三觀極其透徹地分辨三諦（三種真理）的觀法。因此，若想知道三觀的性格，自然地不能不弄清楚三諦的內容，有關三諦的探討，將在後面另闢章節來介紹，這裡只針對想弄清楚三觀的實踐性格，在必要的範圍內觸及三諦。

　　空、假、中三諦，首先，空，是指存在的一切是沒有實體的，所以不是存在；空是在表達存在的現實情況的概念。假，指的是沒有實體的一切的存在（一切法）；也就是說不是完全的無，作為見聞覺知的認識對象確實是存在的概念。因為存在的東西，決不是虛無的，所以它們保有其個別性的特色，存在的東西有這些情況就是假。第三的中，指的是空、假的統一概念，一切的存在者是空，同時也是假，中是這樣的模式。

　　以上是空、假、中三諦的大致意思。那麼，三觀與三諦有什麼樣的關係？大概是以這樣的濃縮方式，來呈顯一切法的「實相」吧。首先的「從假入空觀」是濃厚地保有針對我們常識性的看法、決策，給予痛斥的反省性格的觀法。通常

極平均地會將我們眼睛所接觸的東西毫無顧忌地理解為有、
理解為存在。但是這樣的看法、決策，不只是自然的自我之
相，一定還要加上嚴格地反省。細看某東西，就是一般所謂
存在的東西，事實上並不是如眼所見一樣，這樣的東西只是
暫時的景物而已。並不是因為是常識性的看法就應該毫無批
判地肯定，如果能平實地面對存在的一切（一切法）的話，
那就是說不管在任何意義上不應該固執，也就是沒有有實體
的東西，所以是空。所謂「從假入空觀」指的是從假進入空
的實踐，是打破常識性的見解，存在的真相是沒有實體的，
空的真實性是擔負著究竟的實踐課題。「從假入空觀」就是由
那樣的內容所構成的觀法。這個觀法的本源，是為了觀從暫
時的假看一切法的一面（假），及這個假終究以假來呈顯另一
個側面空，所以這個觀法也稱為「二諦觀」。

　　然而，即使說一切存在的東西沒有實體，但認識主體主
觀接觸的是存在的，決不是無，為有別於其他而不得不主張
自己的獨一性。但，如果只從存在的東西沒有實體的這個觀
點上，而單方面地這樣主張的話，那就是未正確地認識一切
法的真實情況，只有「沒有」的觀點，那麼就會出現停滯於
空的態度。這樣的見解過於極端，對一切法未能正確掌握。
本來空是指超越任何意義的執著及有實體的看法，並從這裡
得到自由，而不是認同停滯於空的態度。如同《般若經》所
清楚教示的，「即使入了空，仍沒有空的存在」，如果停滯在
空的態度，那正是陷入極端，因此應該排斥之。在這樣的態

度下，主張一切法各有各的特性，也就是說只有正確地掌握假的姿勢，才能超越（假、空）。如此一來，「從空入假觀」的修習成為必要。「從空入假觀」開示了偏空的非真理性，而且擔任著須去克服偏空的課題。為此，這也是指示了透視假的一個有效觀法。又，「從空入假觀」因為是破假時用空、破空時用假，所以也稱「平等觀」。

　　存在的東西——一切法，誠然是一個具體的存在。這個存在本身沒有實體，而且以這樣的形態實際地存在著。換句話說，是空同時也是假的存在，兩者自然地處於統一的狀態。對於這樣的情形，一定要正確地掌握，而因應這個議題除了「中道第一義觀」之外無他。藉由中道第一義的觀法，可以超越極端的偏頗想法，一旦平息了這種極端，就是中的境地，一切的存在就能被完全正確地認識、掌握。

　　如果從三觀各自的實踐課題，及透過實踐所引導出來的境界來看的話，乍看從假入空、從空入假、中道第一義三觀，似乎很容易被認為是獨立而沒有相互關係的觀法。但是，實際上卻不是這樣的，三觀本來就是一體的，從一切法的實態看來，也不得不如此。或許因說明的順序有些混亂，所以很難完全理解，但，如前簡述一般，將一切法濃縮在實相來看的話，除了以空、假、中來理解以外無他法。因此，這並不是假定的三種真理，而是以具體存在的東西的具體實況為特徵，而歸納整理出來的。因此，如果能正確地以實相為根源來掌握一切法的話，即使是短暫地以有實體的形態來呈顯的

東西的，應該也會消失的。如果是三諦，同時其所表示的形態是一切法的真實相的話，那麼，完全地理解是視以為有實體的東西，只是暫時存在的。如是，三諦中，掌握一切法當相的從假入空、從空入假、中道第一義的三觀，不得不採取三者同時的、一體的觀法的構造方式。從這一點可推知，智顗之所以稱此三觀應有的形態為「一心三觀」，以別於「隔別三觀」，又相對於「次第三觀」以「不次第三觀」作為它的特徵。唯有在「一心三觀」中，可以將一切法濃縮成空、假、中三諦之相的根源——實相，如此即能十分完整地掌握。

此外，在理解實踐三觀時的特徵上，有一項不容忽視的特質。其特徵在和從空入假觀有關而被賦予某種實踐態度是被認同的，這個特質具體來說就是：藉由從空入假觀真正地了解了「假」，因而產生了即使站在「有」的正中央也絕不會受其沾染的宗教人格。「雖處有而不染」的立場，這不正是菩薩所處的實踐立場嗎？脫離停在空無的二乘的境位，即使在有的正中間仍心自在，欲導眾生的菩薩因而誕生，三觀被解為能達成如此境界的觀法。

以上有關三觀，檢討了它的實踐性課題、修行形式等，最後，從三觀是「止觀」系統的根本點上來看，嚴格來說應以「三止三觀」來表達。如前所述，智顗的實踐體系是「止觀」，所以其中心觀法之一的「三觀」，當然與「止」相結合。因此，他從與三觀對應的形式裡，創出了「體真止」、「方便隨緣止」、「息二邊分別止」的三止。此三止的實踐課題、修

行方法，與三觀相同，沒有任何差異。三止一一對應於三觀，即體真止對應從假入空觀，方便隨緣止對應從空入假觀，息二邊分別止對應中道第一義觀，其性格完全相同。只是，智顗通常多單獨用三觀，較少言及三止。

又，讓我們先大略來理解一下三止三觀的思想背景。三觀的思想，一方面十分重視龍樹的《中論》「觀四諦品」第二十四章第十八偈：「所謂的緣起，就是我們所說的空，那是假名，也就是中道」（漢譯為：「眾因緣生法，我說即是無，亦為是假名，亦是中道義」。而智顗則用更接近於原意的偈子，即：「因緣所生法，我說即是空，亦為是假名，亦是中道義」），再直接模仿《菩薩瓔珞本業經》所說的從假入空、從空入假、中道第一義的三觀而完成的，三止則是智顗以配合三觀的方式思考出來的一個思想。

三智、三煩惱

三觀是窮究實相的本身──空、假、中三諦的「觀法」，所以與分辨實相的直接推進力──「智慧」，深深結合。前面的一節雖然已經介紹了，在《法華玄義》中，對這層關係的說明實在很明快。再來介紹一次吧。

> 夫行名進趣，非智不前。智解導行、非境不正。智目行足，到清涼池。解是行本，行能成智。故行滿而智圓。（《法華玄義》三卷下）

　　與此引文同意趣的言說，在其他處所也能看到。再列舉
一文吧。

　　　實相之境，非佛、天、人所作。本自有之，非今所適，
　　　故居最初。迷理故起惑，解理故生智。智行本也。因智
　　　目起行足。目足及境三法為乘，乘是乘入清涼地，登諸
　　　位。(《法華玄義》二卷上)

　　行以智為先導，且行、智兩者相互提攜，將一切法的當
相濃縮於「實相」中，因為這是很明確的關係，所以不得不
預想到與行直接結合的智慧的存在。因此，從行整理出來的
智慧，具體而言是「一切智」、「道種智」、「一切種智」三者。
而此三智的特徵，一切智對照空、道種智對照假，而一切種
智則是分別對照出空、假、中三種真理的智慧。當然此三智
與前述三觀的關係是，一切智引導從假入空觀、道種智引導
從空入假觀、一切種智引導中道第一義觀，即三智分別立於
引導的智慧，而與三觀有接觸。

　　又，作為境的構造性格的結果來看，和三觀是「一心三
觀」一樣，此三智也不得不是「一心三智」。分別說三智是一
種方便，「三智一心中得」的解釋，最能正確地掌握智的本質。

　　另一方面，從構造上來看真理的觀得，因為是包含在透
過經常的修行以除去妨害實現真理的障礙的結構內，在邁向
實踐真理觀的過程中，自然會有種種問題產生，圍繞著這些

問題所產生的負面的「煩惱」也被視為考察的對象。智顗也
正是這樣的主張。扯上觀法問題，自然就會討論「煩惱」的
課題。

　　智顗抽出、整理出來的煩惱是「見思」、「塵沙」、「無明」
的「三惑」。以下分別來概觀其內在的性格。

　　所謂見思，是見惑、思惑二類的惑。見惑是無法正確得
知真實的道理，因為迷於「理」而生惑，具體而言，沒有實
體的存在的樣相，就是以空來表示「理」，而在無法正確掌握
住理時生出惑。因此，惑是和以空所表示的理相反，可以說
是認為存在有其實體性的我見、邊見、邪見等類。

　　所謂思，與見惑一樣是執於「有」的惑，那是在思量
考慮世間的種種具體事物時產生的惑，與前者的見惑稍有不
同。例如迷惑於美麗女人的形相，也是歸類於此種惑的。因
此，稱此惑為「事惑」或「事障」，這是有別於理惑的見惑。
只是，對沒有實體的世間諸事物，視為宛如實在有這一點來
看的話，此惑與前述的見惑當然可以說沒有什麼不一樣。

　　接著的塵沙之惑，若以一句話來說，可以說是執於空無
之惑。即執著存在是不實在的這種態度，其傾向於一切皆無
的理解態度是可以預想得到的。這樣的狀況正顯示出對空無
的執著。這時候對像塵沙般的無數現實事相，失去正確判斷
的能力，要確立現實教化的姿態是不可期的。使陷於空無、
喪失對現實的諸事相正確判斷的障礙，這就是塵沙之惑的內
在特質。

最後是無明之惑。這是「知」的障礙，也就是「無知」之意。在長久以來的佛教史中，無明被視為是根本的煩惱，為了克服這一點而有種種的考察與研究出爐。智顗也是以無明為根本煩惱，這一點似乎沒有不同。只是他在解釋無明時，有他獨自的解釋方法。這是因為他的解釋顯示出對煩惱的理解是隨著觀法而進行的，總之若依智顗之見，看到存在沒有實體的智慧，及看到完全不是無的存在的智慧，這兩種智慧──看出空的智慧與看出假的智慧──如果主張這兩種智慧各有各的自主性的話，反而看不到真實，於是生起了最嚴重的知的障礙。也就是說透過智慧看出空、看出假，知本身受到決定性的打擊，隱蔽真理的狀態而被驅逐。這樣的知被決定性的災禍所覆蓋，這就是智顗所說的「無知」，也是「無明」的內在性格。

又，在理解此三惑時，三惑是與觀法做互動式的連結，也就是說它們的關係是對治的觀法與被對治的三惑。見惑的惑是由「從假入空觀」來對治，塵沙之惑的惑是依「從空入假觀」來對治，第三的無明之惑是用「中道第一義觀」來對治。分別以三觀來對治、克服三惑，一切法得以因其實相而被真正認識。這種煩惱與觀法的對治關係，是形成智顗的教學體系的支柱之一。

行位觀

在探究一切法的實相過程，一方面對治煩惱，一方面觀

得其即應之理，是藉由兩者的同時實現來探尋實相的進程。然而，被對治的煩惱及觀得的理也絕不一樣，從三惑、三諦，到對治及觀得，這之間設定了一定的階段。這樣的教學思想，就是所謂的行位論，智顗則構思出「六即說」與「五十二位說」二種菩薩階位的行位說。下面分別介紹其概要如下。

六即說

　　首先從「六即說」開始來看。六即者，是將圓教（最正確的佛道修行之道，說的是天台本身的立場）的菩薩追求修行的進程分六階段來呈顯。從「理即」開始，接著是「名字即」、「觀行即」、「相似即」、「分證即」，最後以「究竟即」做完結。所謂理即，是本來被真理所圍繞，雖然也貫通實相之理，卻因完全不識知這個事實，而停頓在所謂的凡夫之位的階段。接著是名字即，這是藉經典或善知識的指導，而見聞真理之位。第三的觀行即，是行者的心有了某程度的明了，其觀智逐漸與理相應的階段，因此縱使離開教法，其所行仍然表現出符合真理狀態的位。相似即者，是觀智更加深，更接近實相之理的證悟階段。接著的分證即，是開始破除根本煩惱的無明，一方面也確確實實地取得真理的分有的位。有時也稱分真即，其理由是按被觀得的真理而有此名稱。而，所謂的分證即，是站在觀得的真理，即能證的觀點而命名。最後的究竟即，是指斷盡根本無明煩惱，徹底究明真如實相之理的位。

　　總之，所謂的六即說是：修行者對持續不斷追求的法（理）

持不變的絕對信，和修行者所把握認同的法的階段性上的異
質性，六即說是在這兩者的宗教性關係上構成的教說。實相
之理，如果從以理來貫通六即的位的角度來看的話，幾乎完
全相同，若從行者所把握內容的面來看的話，在其體得上就
生出差異來，於是就有六種行的階段之說出現。

五十二位說

這是將修行的進程分為五十二個階段來考量的行位說。
詳細而言是設定十信位、十住位、十行位、十迴向位、十地
位、等覺位、妙覺位共五十二個階位，甚至在十信位之前加
了「五品弟子位」，而五十二位說，就是解說這個進程的全部
過程的階位說。

五品弟子位，是借用《法華經》隨喜功德品之說，用來
說明降伏三惑中的見惑為課題，而努力修行的行者的階位，
被明定為外凡位。

五十二位的最初十位——十信位，也被稱為六根清淨位，
是任斷盡見思之惑、塵沙之惑的階段，也稱為內凡位。不只
是伏惑而是斷盡的這個點上來看，是五品弟子位所見不到的
更深的修行位。

從緊接著的十住位到妙覺位被稱為聖位，一分一分地慢
慢地對治無明，一步一步地向窮究中道實相之理推進的位。
如此，到了妙覺位，達到「別無明父母」、「斷道已周、究竟
成就」。

此五十二位的行位說，因為是以理的觀得程度和三惑的

伏、斷這兩根支柱為軸，而整理出菩薩的修行進度，所以基本上與六即說的想法是相同的。因此，我們可以將五十二位說與六即位說互相比照，可得到如下頁清楚易懂的圖示。

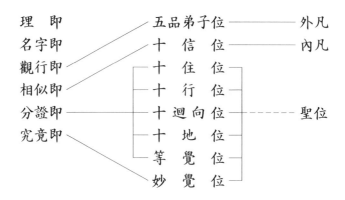

又，五十二位的行位說是參照《法華經》與《菩薩瓔珞本業經》的五十二位說而形成的。

實踐論成立的理論性根據——十界互具

以上，我們概略觀看了包含行位觀的行體系的骨架，接下來這裡要考察含有總結意義的圓熟期的實踐觀，藉著這樣的考察，希望能深入思考智顗是以怎樣的理論根據為背景建構其行的體系。若以一般的眼光來看實踐論的建構，從他認為一方面承認迷惑眾生的存在，另一方面亦承認眾生具有開悟的可能性，才有可能實現開悟的主張來看，我們在此探討智顗的思想根據，也不是毫無意義的事。換個角度來想，如果說能明白這些話，對於要了解他的教學思想所依據的基礎，

豈不是一項極有意義的事嗎？

　　在探尋這樣的教學問題時，在他的教說中有可作為直接線索且相當值得參考的「十界互具」。十界互具的教說，可以說是巧妙地陳述人的本來面目的教說。

　　及至大乘佛教的成立，包括人的有情眾生的諸存在，分成十種，這樣的分類是在考量其價值性的上下關係下產生的。即，地獄、餓鬼、畜生、阿修羅、人、天、聲聞、緣覺、菩薩、佛十界。從其成立史來看，從天到地獄的六界，是大乘佛教成立之前就存在的想法，大乘成立後，再加上從聲聞到佛的四界，於是十界終於誕生。

　　接下來我們就依佛教的傳統解釋，來看十界各自的性格吧。首先，從地獄到天界的六界是迷的世界，這六種境界是流轉的，即所謂的六道輪迴的世界。又，天界分上中下三位，從地獄到天界的下位，因為是被肉體的欲望所執的世界，所以稱為欲界。天界的中位，雖然對欲望的執著已經消失，但還受肉體的種種限制無法得到自由，所以稱為色界。天界的上位不但沒有肉體上的欲望，也脫離了肉體上的種種限制，所以稱為無色界。但，無色界因為還沒解決心的制約問題，所以它的世界仍然不是覺悟的世界，仍屬於迷的世界的一部分。又，因為從地獄到天界的六界，屬於欲界、色界、無色界三個層次，也稱三界。從聲聞界開始到佛，開始屬於悟的世界，應其所悟內容的不同而分有四種類別。

　　以上是有關十界的一般性格，而智顗則援用這個十界說

來說明、分析人存在的構造性結構。也就是說，智顗對十界
的解釋不僅用在對有情眾生的價值分類上，也用十界來解釋
人的實際情況。依智顗之說，在被賦與不同價值的十種階段
中，人不只是存在於第五階段的位置而已，人存在於從最低
下的地獄界，到佛的境界的任何階段中。換句話說，占十界
中一角的人，他同時也「具」足其他的九界。當然這樣的情
形不只是人，十界中的任何一界都是在自己裡面「具」足其
他九界。正是所謂「十界互具」的關係中，有著種種的存在。

　　如此，十界中的任何一個存在，都有可能等同存在於從
地獄到佛境的任何一個界。那麼，將不同的存在判定為地獄
乃至佛的直接關鍵是什麼呢？智顗認為關鍵是在對實相的見
與不見上。詳細說來，與實相有關的看法分為四種態度，一
是理解一切法為「有」的態度，二是從「空」（空無）的側面
來解釋的態度，第三是在「假」的立場上看的態度，在這裡
是企圖要化導墮於空無之極端的普通人（眾生），誕生了以大
慈悲心有志利益他人的人格。最後的第四，是從「中」的立
場進行對一切法做了解的態度。這四種對一切法的理解態度
勾勒出對實相的見、不見的關係。第一的了解態度，正是不
見的寫照，隨著轉向第二、第三，是見的程度越來越濃厚，
到了第四的了解態度，已經出現了見的境界。因此，這四種
的了解態度，決定眾生各自的主體性的現況。換句話說，第
一的了解態度相當於從地獄到天界的情形；第二的了解態度
相當於聲聞、緣覺二種現況；第三相當於菩薩；第四相當於

佛的現況。如此一來，一切的存在因應於對一切法的觀點而祕藏著有可能轉化成各式各樣的可能性。

　　人並沒有置身於這樣的關係之外，即使人被埋沒在惡裡面，那只是表現出存在的類型之一——陷於實相的不見的立場，理論上人是有可能轉變成佛的，只要不斷地累積努力，就能從不見轉變為見。智顗對迷惑眾生要求實踐的理論根據，正是建立在這種對實相的見與不見的關係上，再以這樣的關係為背景，成立了存在的種種樣相。

第四節　　存在的諸樣相

客觀說明——十如是

　　將實踐主體——菩薩道的行者引導向佛境界的直接關鍵思想，不用多說當然是徹見存在——一切法的實相本身，充分地完成了實踐的課題。那麼，圓熟期的智顗，對實相的本身是如何把握、如何理解的呢？接著就以此為中心來探討這個問題吧。

　　智顗對這種問題，當然是直接的回答（這種情形相當地多），有時候客觀地觀察存在，透過這樣的作業，考察存在的當相，也能讓圍繞於該問題的說明逐漸明朗。這是以「十如是」為線索而進行的一連串解說，這種頗費心思、極為精采巧妙的說明，就讓我們參照說明慢慢往下看吧。

存在本身並不是無，而是以認識的對象來呈顯。因此，在某種意義下，那一定是可以客觀認識的。智顗看透存在的這種性格，且嘗試從這一方面來做說明。而他所採取的方法，就是所謂的「十如是」的教說。「今經用十法、攝一切法。所謂諸法如是相、如是性、如是體、如是力、如是作、如是因、如是緣、如是果、如是報、如是本末究竟等」。接下來我們就一面來確認十如是的意思，一面來看這個說明的主要目的。

為了解此課題，首先必須先究明作為立十種如是（十如是）的根據，即相、性、體以下十法的意思。開頭的相是指呈顯在外表上的樣相；接著的性是指內在所具備的性質；體是指構成個個存在的主質；力是潛在的能力；作是顯現於外的作用；因是指導致事物生起的直接原因；緣是幫助因的補助因；果是因與緣所招來的結果；報是按結果所帶來的回報；本末究竟等是指從第一的相到第九的報相互關連、貫通。十法的意思應可以解釋如上。

相以下的十法，如果是包含著如上所述的意思的話，那麼十如是的意思也就大致可推定。更何況將此十法的意思，比照剛才引用的「今經用十法、攝一切法」一文時，將能更明白確定十如是的意思。相以下的十法含有那樣的意思，而且有十如是攝一切法的關係，於是，從存在顯現在外的相，或其性質、能力、作用，或與其他存在的諸關係，甚至是其生起的關係等十種既定的觀點來看，也就是從構造上來掌握存在的意義。也可以說，十如是是表示存在的實際情形的範

疇。因一切法被十如是照顯出來，所以它的真實情形就能原原本本地呈顯出來。

　　十如是是在客觀相的基礎上分類地呈顯一切法的實際情況的領域，相反地，也因此變成我們從外來探望一切法。按智顗之見，十如是所照、所掌握的一切法的相、情況，和我們所想的那種具有具體的相、形狀、純粹地客觀的東西是不一樣的。上述這種情形是按十如是的「三轉讀」來說明的，如此一來，一切法就能更清楚地處於實相中而被開示出來。我們也必須朝這樣的目的前進。

藉三諦的表白——即空即假即中

首先來具體地介紹「三轉讀」的說明。

> 依義讀文，凡有三轉。一云：是相如、是性如、乃至是報如。二云：是如相、是如性、乃至是如報。三云：相是如、性是如、乃至報是如。若皆稱如、如名不異，即空義。若作是如相、是如性，點空之相性。名字施設、邐迤不同，即假義。若作相是如、中道實相是如，即中義。

　　十如是是站在一切法的立場來表示其範疇的，依此，確實一切法即使被細察，大致上也就是那樣的情形，就如同這裡所看到的一樣，一切法是按更基本的空、假、中三諦而被

認識。換句話說，是以三諦的方式來呈顯的。

　　然而，即使接觸了那樣的解釋，但仍然不太明白為什麼非那樣做說明不可。更具體地說，為什麼一定要十如是的三轉讀呢？又一切法為什麼不是按十如是，而是依空、假、中三諦而清楚地被解釋出來？諸如此類的疑問，仍是不清楚。針對這些疑點，配合上述引文及之後一連串說明來看的話，或許可消除疑點吧。今，不厭其煩地介紹如下：

> 分別易解，故明空、假、中，……非一二三，而一二三、
> 名不縱不橫為實相。唯佛與佛、究竟此法。

　　若再配合此文來看，可以推定之所以嘗試使用十如是的三轉讀的方式來說明，其理由在於其排除了與一切法相符的規定的性格。如果一切法本身具有自性的話，那麼論其本質，存在論的例如：在相的方面、質的方面，或者力、因、緣……等方面自然可以掌握，就不會規定「非一二三，而一二三」，一切法既然沒有自性，只好放在和它相關的實踐主體的呈現方法上來掌握。這就是十如是的三轉讀的主要用意，例如「如是相」，是試著從「如」、「相」、「如是」的觀點來看一切法，正因為估計是那樣的情形才採行這個方法呢。如此一來，一切法只有以空、假、中（表現）方式來解釋。

　　又，接著來看空、假、中的意思。從前面的引文，也大概可以理解其意。再從其他的說明來看。首先，所謂空，「緣

生，緣生即無主，無主即空」(《摩訶止觀》一卷下)，如文所示，依緣起而成立，因此沒有自性，即以此來解釋存在的現實情況。接下來的「假」，如前面提及的「名字施設、邐迤不同」一般，有「名字」，能主張自己的個別性，以此來說明存在的現實情形。第三的中，若遵照《法華玄義》的說明，空與假兩者並不是毫無關係地各自解釋存在的實情，是為了積極宣導空、假是同時存在的關係而導入的概念。若依照這樣的說明，在說明是空而且是假的一切法的實際情形時就是中。因為空、假、中都是等同地表達了一切法的實際情形，所以只要按照三諦來說明，一切法的實情就以即空即假即中來表現。

又，像這樣用三諦來說明一切法的實相的情形，有一項不容忽視必須先說明的重點。那就是藉三諦來說明一切法的實相，實際上是一種方便之說。也就是，「圓教但明一實諦，《大經》云：『實是一諦、方便說三』。今亦例此，實是一諦、方便說三」(《摩訶止觀》三卷下)。這一點，在智顗的教學思想的構造性格上是很重要的。這個態度是，一切法的實相顯現在本無執著的實踐態度上，因此，有關一切法的實相問題，不管如何說明，只要是在說明的範圍內，都不出方便的領域。這也正是智顗表示他的實相觀的看法。

而且，這樣的實相觀，正是智顗盡其一生一貫採取的態度，不是講述「三大部」時才確立的想法。代表智顗圓熟期思想的特色——以三諦說說明實相一事也是必須在這樣的實

相觀中來理解的。

　　另外一點，有關三諦說的教理背景，請容我在此插句話，按照三諦說來說明實相的形式，如前述三觀的問題中已經說明過的一樣，是源自龍樹的《中論》第二十四章「觀四諦品」第十八偈。只是智顗的三諦解釋是否正確地承繼了《中論》所示的龍樹思想，仍有待商榷。這裡對這個問題則暫時不做深入介紹。

存在的相即樣相——一念三千

　　智顗在討論實相的問題時，從各種的角度來討論。除了以三諦說為基礎所做的說明之外，還有與這個領域有關且不容忽視的重要教說。那就是「一念三千」。

　　若要概說一念三千說的話，那就是，一切的存在即一切法被分類於、統攝於三千之法中，因此，此三千之法被盡攝於我們每一個人的心中（「具」的關係），進一步說，這三千之法與人的一念之心是一樣的（「是」的關係）。一念三千就是說明這種關係的教說。

　　按照智顗的說明，再詳細一點來看此一念三千說吧。將一切法分類為三千，那是經過什麼樣的手續而說的？首先，包括人的十種宇宙的諸存在（從地獄到佛的境界，即所謂的十界）是相互地具足其他九種的存在，這也意味著百界。又，這些諸存在也是分別按照著從「相」以下，到「本末究竟等」所組成的「十如是」的樣相而存在的。因此，若要合計這些

樣相的話，就變成百界千如。再進一步，這一切的存在，每一個都擁有三種的生存場所。即主體方面的世界（眾生世間），以及構成主體的物心五要素的世界（五陰世間）、還有另一種是環境的世界（國土世間）共三種世間。如此一來，百界千如變成擁有三千種的世間。三千這一個數字就是這樣形成的。

　　三千的法，是從人的主體樣相、環繞人的環境世界的構成要素，加上預想中的眾生的生存空間等，也就是從人及世界的基本要素的觀點來細看一切法而取出來的。這也是顯示使一切法成立的基本性數字。因此，三千這一個數字，從教學的傳統上看來，雖然具有極重要的意義，但它並不是意味著一切法是由數量上的三千個法所集而成。用一個較極端的說法，三千也可以是五千。總之，三千是以數學的整合性方式來表示有著無限差別相的一切法，簡潔地整理出一切法的數量性說明。

　　因此，這個教法的重要性，並不在被分成三千種的一切法的數目，而是以三千來表示該一切法與眾生心的關係。這個教說最重要的部分是以「心具一切法」、「心是一切法」所陳述的一切法與心的關係。有關這點的說明，舉智顗所說的部分最便利不過了。下面列舉其代表性的地方。

　　　夫一心具十法界，一法界又具十法界、百法界。一界具
　　　三十種世間，百法界即具三千種世間，此三千在一念心。
　　（《摩訶止觀》五卷上）

> 若從一心生一切法者，此則是縱。若心一時含一切法者，
> 此即是橫。縱亦不可，橫亦不可。祇心是一切法，一切
> 法是心。故非縱、非橫、非一、非異。玄妙深絕，非識
> 所識，非言所言，所以稱為不可思議境。(《摩訶止觀》
> 五卷上)

　　像這樣地，雖然開示著心與一切法的關係，應該要在
「具」，甚至是「是」的關係中解釋，但，這個教法到底想表
達一切法或心的什麼事呢？

　　參照《摩訶止觀》其他言及一念三千說的說明，這個教
說似乎想說明將一切含有心的存在，比照於實相，則每個存
在都不能主張自己的完結性、獨一性。有關這點，再稍詳細
地來論述吧。被區分為三千類的無量的一切法，剛好就像因
為種種看一切法的心的看法不同，而分別生起十界一樣，一
切相也許是依心的看法而出現的（「心生一切法」的關係）。
或者是，按照看一切法的看法不同，心可能成為十界的任何
一個存在，再將這種可能性的事態，比對於事實上已經變成
十界中的任何一個的現實面來看的話，心中具一切法的說明
是可以成立的（「心具一切法」的關係）。但是，將一切法濃
縮在實相的範疇上來看的話，心與一切法不能以能、所的關
係來理解。換句話說，心生出（能生）、具足（能具）一切法，
一切法因此而被生（所生）、被具足（所具），若是這樣來了
解一切法與心的關係的話，就無法正確地理解兩者。

那麼，怎樣才是真正的理解呢？那就必須得知了解心和一切法都相互地否定他者，不是立於隔別的領域。那又為什麼可以這樣說呢？其理由是「求心不可得、求三千法亦不可得」，心及一切法的「不可得」，可以說是非限定的性格，也就是說不能主張與他者有別的獨一性。如此，心與一切法的關係是「心是一切法」、「一切法是心」，這打破了原本認為兩者有各自完整性的形相之殼，可說是立於「不二」的關係，這也是存在的真實現象。一念三千說，是教示一切法——存在的一切不得主張與他者有別的自我限定的看法，這也是存在的終極情形的教說。

又，在說明十乘觀法的項目中，指出作為第一的觀不思議境的能觀之法，舉出「四句分別」（「四句推檢」）的解釋。而所謂的四句分別，是將一念三千說所教示的一切法不可得的情形，分立四句來考究推論的形式。智顗不僅在論述一念三千說時，在其他論說中也有按照四句分別的推論形式展開論述的。這是根據龍樹在《中論》所教示的從自體、他體、兩者（共）、無因的四種觀點，來玩味存在的生起關係。

舉一個智顗「四句分別」的推論形式的例子。以夢為例，他所立的四句是，i.夢依心而有嗎？ ii.夢依眠而有嗎？ iii.夢是在心、眠合一時才有的嗎？ iv.夢是在心、眠分離時才有的嗎？依著這樣的四句，一邊用來確認夢的存在與否，一邊也導出夢的存在是無法確定的結論出來。有關前述的四句分別，因為智顗沒有加上任何敘述，所以此處姑且陳述至此。

　　智顗教學最關心的是，藉由三諦說、一念三千說所呈顯在表面的觀得一切法的實相。從實踐的觀點上來看，行的教學體系正是以教學中所教示的得知一切法的究竟相，為最終課題而建構的。這意味著，有關實相的教說，是支撐智顗教學中最根深柢固的，同時也在其教學體系中，占極重、極大的比例。最後我想指出的是，有關實相的教說，一定要正確地理解到在智顗教學中占著極重要的位置。

後 記

　　粗略濃縮地介紹了智顗盡其一生思索修行而展開的宗教思想，也循其思想過程，大致地做了考察，因此也整理、陳述了智顗教學中，最基本的部分。透過整理而令人感覺到智顗教學思想中在構思上顯著特徵的部份，這裡想做一總括性的回顧。本來這樣的事，應該在本論中檢討研究的，由於還留些許不圓滿的地方就結束了，在此敘述雖然有些不太自然，但無論如何都想對這一點再述一二。

　　這裡想重新提出的是，包含智顗宗教思想的教學上的特徵，是已經重複敘述過了，在其教學體系中有強烈的實踐性格。然而，這裡之所以要重新強調，並不是因為他的教學思想中，保有龐大的行（實踐）體系的關係，而是從他重視行的思想性格上來看，有時候太過強調觀想，導致陷入寂靜主義的宗教思想，為了搶救這樣的情形，同時希望能使他的宗教思想與現代結合。為了達成這樣的使命，所以重述其要點。

　　智顗的教學思想中，擔任最核心部分的是教示究竟實相的教說。換句話說，開示了藉由觀得諸法的究竟相（諸法實相）而使迷惑眾生轉入悟的境界的教說。例如：以三諦為例做解釋時，巧妙地糾合了三觀、三智、三煩惱做說明的教說，但這個教說因為是開示實相本身的教法，所以如果將三觀等一連串的教說切離而獨自看的話，也未必不能理解。這時按這個教說的話，這個世界被認為只是空、假、中。

　　如果只導出這樣的結果，那就失去了這個教說的活力，變成一個停留在只教有關觀想的方法的教說。如果是這樣的話，就沒辦法讓人感受到這個思想的任何魅力。為了防止變

成這樣，而有三觀、三智、三煩惱的教說——即，與實踐相關的教說。這些教說與客觀的世界有關，它們不只指示出其應有的相，且經常以和它們有關的實踐主體為問題的教說。在後者的領域中，是站在理解對治執著是保證觀得真理的立場，並對以觀得真理為目標的主體的方法進行反省。積極地肯定、發掘這個教理的話，當然應該可以讓容易墮入安逸習性的我等自身，開拓反省的平臺。而這個反省平臺，對自己養成律己的要求，對思想給予躍動性的思想的土壤。

　　毫無反省地安住於真理，是切斷了潛藏在自身中的否定因素的覺醒，這是在我們的現實生活中，可以體驗的。這方面是不容許我們輕忽、麻痺的。而嚴屬揭發這種麻痺態度的如果是三觀、三智、三煩惱的教說的話，那麼，這是活在現代的我們更應該注意的教學。主張累積反顧自己的經驗是接近真理之途的智顗的宗教思想，不應該只被當做舊東西來處理，應該有更積極的態度。

　　總之，天台大師的教學思想，是非常廣博的，像這樣的小本書很難完全囊括，漏寫的地方也很多。不僅如此，全體架構在分配上的笨拙，沒有收錄的地方實在很多。特別罣礙的是，完全沒有論及在量方面足以與「三大部」匹敵，而且在三大部以後的思想上起了微妙變化的智顗的《維摩經》關係著書——《維摩經疏》，卻完全沒有論及。如果注意到，就要去追趕的話，是沒完沒了的。姑且在此畫上休止符，敬請原諒。

新田雅章
一九七六年十二月

參考文獻

有關天台教學的研究書、研究論文非常多。這裡只舉比較新的，而且限於研究書籍做介紹。

玉城康四郎，《心把捉の展開》，山喜房佛書林，昭和三十六年。

佐藤　哲英，《天台大師の研究》，百華苑，昭和三十六年。

安藤　俊雄，《天台性具思想論》，法藏館，昭和二十八年。

　　　　　　《天台思想史》，法藏館，昭和三十四年。

　　　　　　《天台學》，平樂寺書店，昭和四十四年。

　　　　　　《平台學論集》──止觀と淨土──，平樂寺書店，昭和五十年。

佐佐木憲德，《天台緣起論展開史》，永田文昌堂，昭和二十八年。

　　　　　　《天台教學》，百華苑，昭和三十八年。

福田　堯穎，《天台學概論》，三省堂，昭和三十年。

關口　真大，《天台小止觀の研究》，理想社，昭和二十九年。

　　　　　　《天台止觀の研究》，岩波書店，昭和四十四年。

田村芳朗、梅原猛《絕對の真理》〈天台〉（佛教の思想‧5），角川書店，昭和四十五年。

石津　照璽，《天台實相論の研究》，弘文堂，昭和二十二年。

島地　大等，《天台教學史》，明治書院，昭和四年。

日比　宣正，《唐代天台學序說》，山喜房佛書林，昭和四十一年。

京戶　慈光，《天台大師の生涯》，第三文明社，昭和四十九年。

新田　雅章，《天台實相論の研究》，平樂寺書店，昭和五十六年。

田村　芳朗、新田雅章，《智顗》，大藏出版，昭和五十七年。

池田　魯參，《國清百錄の研究》，大藏出版，昭和五十七年。

平井　俊英，《法華文句の成立に關ずる研究》，春秋社，昭和六十年。

宗教文庫

堅定的信仰，高尚的道德品格

大乘佛教思想　上田義文／著　陳一標／譯

　　大乘佛法的義理精闢艱深，諸如「色即是空」及「生死即涅槃」等看似矛盾的命題，更為一般人所無法清楚地理解；而如果我們不先將這些基本概念釐清，則勢必求法無門。本書以清晰的思路帶領大眾思考大乘佛教的基本概念，並對佛學研究方法提出指引，使佛法初學者與研究者皆能從中獲取助益。

佛教經典常談　渡辺照宏／著　鐘文秀、釋慈一／譯
　　　　　　　　　　　　　　　陳一標／校訂

　　作為宗教文學或哲學著作，佛教聖典當然具備豐富多樣的內容，縱使在教戒、傳說、寓言、笑話、小說、戲曲、歷史、地理、民俗、習慣等人類所有的生活面，像佛教聖典這樣廣涉多方且富於變化者，確為世界文獻所僅見。本書以淺易明白的方式來介紹佛經的成立及現存的主要經典，輕啟您對佛門經典的常識。

經典禪語　吳言生／著

　　禪宗在表現生命體驗、禪悟境界時，於「禪不可說」中建立起一個嚴謹而閎大的思想體系，而本書正是通向禪悟思想之境的一座橋樑。藉由禪師們的機鋒往返，剝落層層的偏執，使你寸絲不掛，讓你在耳際招架不住的困思之中，體證修行與生活一體化的澄明之境，並嗅聞出禪門妙語的真實本性。

經典禪詩　吳言生／著

　　禪宗詩歌是一筆豐厚的文化遺產，從創作主體上來看，包括歷來禪僧創作的悟禪之詩，和文人創作、帶有禪味的詩歌兩大類，而本書所探討的經典禪詩是指前一類。禪宗詩歌與純文學性的詩歌不同，它的著眼點不在於文字的華美、技巧的嫻熟，而在其禪悟內蘊的深邃、豐富；因此，藉由禪詩的吟詠，深足以豐饒身心、澄明生命。

宗教文庫

經典頌古　吳言生／著

禪宗運用了電光石火的公案，以及吟詠公案的頌古來表現其思想體系。頌古的本意，在於使讀者從諷詠吟頌之間體會古則的旨意，是禪文學的一種形式。本書在總體把握禪宗思想的基礎上，立足於禪本義的立場，對吟詠百則公案的頌古進行分析、欣賞，讓自古以來即喧囂禪林的經典頌古廓然朗現。

佛言佛語——佛教經典概述　業露華／著

佛教經典浩如煙海，除一些佛門高僧外，一般人很少能遍閱藏經。為此，本書主要對佛教經典，特別是對中國佛教的經典作一些歷史性及概要性的介紹，使讀者閱讀本書後，能對佛教經典的產生、內容及在中國社會的流傳情況有更深的了解。

佛教入門　三枝充悳／著　黃玉燕／譯

佛教一直以宗教的立場來開導大眾，使人得到精神安慰。再加上佛教能建立思想，使其成為人們實踐的支柱，這更對各種優異文化的形成、深化、發展等，有很大的貢獻。本書全部圍繞在「何謂佛教」這個主題上，對於佛教入門所必須述及的各種問題，以平實的文字做忠實的敘述，使佛教的整體面貌得以開顯。

宗教學入門　瓦鄧布葛／著　根瑟・馬庫斯／譯

人類的宗教呈現分殊多樣的面貌，這是人類精神所展現的多元現象，也是人類文化的豐富遺產。人類總在理性的盡頭走上信仰，然而，站在人文精神與知識的立場，我們應如何去思索宗教現象，以及探尋關於宗教的可靠知識呢？本書主張把宗教現象視作人類現象來研究，分別從歷史、比較、情境以及詮釋學來充實其內涵，系統性地從幾種不同的學科與途徑來介紹當前的宗教研究，企使宗教建立一門知識性的學科。

宗教文庫

愛與和平的心靈獻禮，生命與價值的融合

何謂禪　鎌田茂雄／著　昱　均／譯

生活在現世的人們，忙碌異常，有如走馬燈似地不停的工作，最後面臨死亡。此時，我們應該安靜地凝視自己的身心，傾聽它們的需求。禪，不僅可以解開心的煩惱，更能調適身體的問題；簡單地說，禪可以匡正生活。若您想使身體保持理想狀態、心胸悠然寬廣，不妨就由閱讀這本禪書開始吧！

中國民間信仰與道教　劉仲宇／著

中國傳統文化中，儒釋道號稱三教，是中國文化的主要支柱。說支柱，同時也就意味著它們不能囊括全部的中國文化。在民間，還有每日每時在日常生活中大量重現的俗文化。民間信仰即俗文化的一部分，對它的了解，是理解民眾精神生活的重要途徑，本書詳述中國民間信仰與道教的互動與發展，使讀者能更加理解鮮活的中國文化。

覺與空——印度佛教的展開　竹村牧男／著　蔡伯郎／譯

「覺」與「空」，無疑是一切學佛的實踐者與研究者最關注的兩個課題，然而這兩個課題的內容，並不容易說得清楚。事實上，正如作者所說，釋尊之後佛教的種種發展與流轉，無非是圍繞於對這兩個主題的不同闡述與理解。而此書正是以這兩個課題為主軸，透過作者精闢扼要的論述，來探討從釋尊以來佛教的發展與流轉。因此，從中心思想而言，本書有其一貫、鮮明的主旨，而從結構與內容上來說，則可視為是一部生動、簡明的佛教史。

茅山道教上清宗　鍾國發／著

不了解上清宗，就不能真正了解茅山道教；不了解茅山道教，就不能真正了解中國道教；而不了解中國道教，就不能真正了解中國文化和中國人。本書深入淺出地描述以神仙理想和道教活動為主線的歷代茅山文化風貌及其演進，涉及仙山形勝、宮觀格局、隱居心態、存想體驗、洞天福地、山中宰相、丹鼎爐火、符、印劍、宗師統系、教門盛衰等諸多趣聞，並對道教史上的一些疑難問題提出個人見解，可謂雅俗共賞。

國家圖書館出版品預行編目資料

天台哲學入門 / 新田雅章著;涂玉盞譯.－－初版一
刷.－－臺北市；東大，2003
　　面；　公分

ISBN 957-19-2522-5　（平裝）

1.天台宗－教義

226.41　　　　　　　　　　　　　　92007759

網路書店位址　http : // www. sanmin. com. tw

© 　天台哲學入門

著作人　新田雅章
譯　者　涂玉盞
發行人　劉仲文
著作財
產權人　東大圖書股份有限公司
　　　　臺北市復興北路386號
發行所　東大圖書股份有限公司
　　　　地址／臺北市復興北路386號
　　　　電話／(02)25006600
　　　　郵撥／0107175-0
印刷所　東大圖書股份有限公司
門市部　復北店／臺北市復興北路386號
　　　　重南店／臺北市重慶南路一段61號
初版一刷　2003年5月
編　號　E 22082-0
基本定價　參　元
行政院新聞局登記證局版臺業字第○一九七號

ISBN　957-19-2522-5　（平裝）